"十二五"职业教育国
经全国职业教育教材

模拟导游

（第二版）

许静 宫庆伟 主编

高等教育出版社·北京

内容提要

本书是"十二五"职业教育国家规划教材,依据教育部《中等职业学校旅游服务与管理专业教学标准》,并参照旅游行业相关标准在 2015 年版的基础上修订而成。

本书共分 5 个项目、17 个训练任务,主要内容包括分析技能训练、讲解技能训练、应变技能训练、带团技能训练、专题旅游服务。本书根据旅游行业的发展变化,新增研学旅行、红色旅游、邮轮旅游、乡村旅游的导游服务技能,为学生日后从事导游工作打下坚实基础。

本书配有学习卡资源,获取相关资源的详细说明见本书"郑重声明"页。

本书可作为职业院校旅游服务与管理专业、导游服务专业技能课程教材,也可作为旅游行业岗位培训用书。

图书在版编目（CIP）数据

模拟导游 / 许静, 宫庆伟主编. -- 2版. -- 北京：
高等教育出版社, 2021.7（2022.12 重印）
ISBN 978-7-04-055929-3

Ⅰ.①模… Ⅱ.①许… ②宫… Ⅲ.①导游-中等专业学校-教材 Ⅳ.①F590.633

中国版本图书馆CIP数据核字(2021)第049656号

Moni Daoyou

策划编辑　王江华　　责任编辑　曾　娅　　书籍设计　张　楠
责任校对　胡美萍　　责任印制　刘思涵

出版发行　高等教育出版社　　社址　北京市西城区德外大街4号　　邮政编码　100120
购书热线　010-58581118　　咨询电话　400-810-0598
网址　http://www.hep.edu.cn　http://www.hep.com.cn
网上订购　http://www.hepmall.com.cn　http://www.hepmall.com　http://www.hepmall.cn

印刷　北京汇林印务有限公司　　开本　889mm×1194mm　1/16　印张　10.5
字数　210 千字　版次　2015 年8月第1版　2021年7月第2版　印次　2022 年12月第4次印刷　定价　28.80 元

出版说明

　　教材是教学过程的重要载体,加强教材建设是深化职业教育教学改革的有效途径,是推进人才培养模式改革的重要条件,也是推动中高职协调发展的基础性工程,对促进现代职业教育体系建设,提高职业教育人才培养质量具有十分重要的作用。

　　为进一步加强职业教育教材建设,2012 年,教育部制定了《关于"十二五"职业教育教材建设的若干意见》(教职成〔2012〕9 号),并启动了"十二五"职业教育国家规划教材的选题立项工作。作为全国最大的职业教育教材出版基地,高等教育出版社整合优质出版资源,积极参与此项工作,"计算机应用"等 110 个专业的中等职业教育专业技能课教材选题通过立项,覆盖了《中等职业学校专业目录》中的全部大类专业,是涉及专业面最广、承担出版任务最多的出版单位,充分发挥了教材建设主力军和国家队的作用。2015 年 5 月,经全国职业教育教材审定委员会审定,教育部公布了首批中职"十二五"职业教育国家规划教材,高等教育出版社有 300 余种中职教材通过审定,涉及中职 10 个专业大类的 46 个专业,占首批公布的中职"十二五"国家规划教材的 30% 以上。我社今后还将按照教育部的统一部署,继续完成后续专业国家规划教材的编写、审定和出版工作。

　　高等教育出版社中职"十二五"国家规划教材的编者,有参与制定中等职业学校专业教学标准的专家,有学科领域的领军人物,有行业企业的专业技术人员,以及教学一线的教学名师、教学骨干,他们为保证教材编写质量奠定了基础。教材编写力图突出以下五个特点:

　　1. 执行新标准。以《中等职业学校专业教学标准(试行)》为依据,服务经济社会发展和产业转型升级。教材内容体现产教融合,对接职业标准和企业用人要求，反映新知识、新技术、新工艺、新方法。

2. 构建新体系。教材整体规划、统筹安排，注重系统培养，兼顾多样成才。遵循技术技能人才培养规律，构建服务于中高职衔接、职业教育与普通教育相互沟通的现代职业教育教材体系。

3. 找准新起点。教材编写图文并茂，通俗易懂，遵循中职学生学习特点，贴近工作过程、技术流程，将技能训练、技术学习与理论知识有机结合，便于学生系统学习和掌握，符合职业教育的培养目标与学生认知规律。

4. 推进新模式。改革教材编写体例，创新内容呈现形式，适应项目教学、案例教学、情景教学、工作过程导向教学等多元化教学方式，突出"做中学、做中教"的职业教育特色。

5. 配套新资源。秉承高等教育出版社数字化教学资源建设的传统与优势，教材内容与数字化教学资源紧密结合，纸质教材配套多媒体、网络教学资源，形成数字化、立体化的教学资源体系，为促进职业教育教学信息化提供有力支持。

为更好地服务教学，高等教育出版社还将以国家规划教材为基础，广泛开展教师培训和教学研讨活动，为提高职业教育教学质量贡献更多力量。

高等教育出版社
2015 年 5 月

第二版前言

《模拟导游》自 2015 年出版以来，受到广大旅游职业院校师生的欢迎与认可。随着时代的发展与进步，旅游业的内容和观念也在不断变化。编者在对教材反复的研究和对当前我国旅游业发展状况的分析以及广泛调研的基础上，决定对《模拟导游》进行全面修订。

本次修订的特色主要有以下两点。

1. 教材内容与时俱进

首先，国内的研学旅行有了较大的发展，国家旅游局（现文化和旅游部）于 2016 年发布了《研学旅行服务规范》(LB/T 054—2016)，教育部等 11 个部门也于 2019 年联合印发了《关于推进中小学生研学旅行的意见》，研学旅行已经成为旅游市场的热点。其次，我国的红色旅游发展势头良好，作为一种新兴的旅游项目，红色旅游已经成为我国旅游业的重要组成部分。最后，邮轮旅游、乡村旅游也成为当前旅游市场的热门旅游产品。因此，本书增加了"寓教于游——研学旅行重育人""责任担当——红色旅游需认同""心海相约——邮轮旅游深体验"和"至真至诚——乡村旅游归质朴"的内容，同时，删去了实用性不强的内容。

2. 体例结构体现职教特色

为更好地体现"任务导向"原则，全书体例统一为任务描述、任务分析、任务实施、任务拓展。把原教材"听小马讲知识"和"看小马展技能"进行合并，删除"小马为你链接"栏目，各"资料来源"统一移至教材最后作为参考文献。通过完善，使本书的体例结构更加清晰，职教特色更加鲜明。

本书分为五个项目，建议学时为 72 学时，学时分配如下表，供参考。

项目序号	项目名称	任务		学时	小计
一	分析技能训练	任务一	有备而来——分析行程计划	2	4
		任务二	知己知彼——分析团队情况	2	
二	讲解技能训练	任务一	妙语连珠——运用导游语言	4	38
		任务二	详略得当——途中导游讲解	6	
		任务三	清灵毓秀——讲解自然景观	12	
		任务四	博大精深——讲解人文景观	12	
		任务五	字字珠玑——导游词再创作	4	
三	应变技能训练	任务一	有的放矢——处理个别要求	4	8
		任务二	快速反应——应对突发事件	4	
四	带团技能训练	任务一	寓教于游——研学旅行重育人	4	8
		任务二	因势利导——商务考察宜灵活	2	
		任务三	细致严谨——银发团队勤稳敬	2	
五	专题旅游服务	任务一	责任担当——红色旅游需认同	4	14
		任务二	心海相约——邮轮旅游深体验	2	
		任务三	焦点访谈——摄影旅游发现美	2	
		任务四	和谐包容——生态旅游重环保	4	
		任务五	至真至诚——乡村旅游归质朴	2	
总计					72

　　本次修订由杭州市旅游职业学校许静、四川省旅游学校宫庆伟主编及统稿，许静修订项目一至项目四，抚顺市第一中等职业技术学校张微微、青岛旅游学校张淑珍修订项目五，绍兴市职业教育中心丁文琼协助统稿。

　　感谢浙江新世界国际旅游有限公司金牌导游施兴琴、吴军、应虞乐为本书修订提供了诸多宝贵建议，感谢浙江省博物馆的大力支持。

　　由于编者水平所限，本书难免有疏漏和不足之处，恳请读者在使用过程中不吝指正，以便今后改进，读者意见反馈邮箱为 zz_dzyj@pub.hep.cn。

编　者

2020 年 10 月

第一版前言

本书是"十二五"职业教育国家规划教材，依据教育部《中等职业学校旅游服务与管理专业教学标准》，并参照旅游行业相关标准编写。

一、教材编写背景

对于目前我国旅游市场的发展而言，导游仍是旅游服务人才体系中举足轻重的一环。在"带薪假期"逐步实现过程中，旅游消费目前仍是普通百姓生活消费中的一个奢侈项。正因如此，百姓对旅游的期望值很高。同时，普通游客也将旅游目的的实现集中地寄托在导游员的身上。

导游员的准确定位应是"一个国家和地区的形象代表、文化的传播者、文化间的桥梁设计专家、旅游行业服务的窗口、旅游业服务质量最敏感的风向标"。在信息资讯日益发达的今天，导游员应是一名旅游达人，通过他的各项服务，游客能付出合理费用更好地享受一段旅途、了解一个地区、感受一个景区、体验一种民俗、品尝一种美食、选择一种特产。现代旅游中的导游更趋向于成为游客"行前的资深顾问""行中的专业管家"和"行后的贴心朋友"。

根据教育部《中等职业学校旅游服务与管理专业教学标准》中提出的"职业教育课程体系改革"精神，为适应 2013 年 10 月《中华人民共和国旅游法》颁布后旅游业的新形势和导游员岗位实际操作的新要求，《模拟导游》在内容和体系上也有新的突破。新版教学标准中，模拟导游课程是旅游服务与管理专业下属旅行社（导游）技能方向必修的技能方向课程之一。教学标准中，对课程的描述是"掌握地陪、全陪导游的基本工作程序，掌握不同类型景观的特征和讲解技巧、方法，熟悉接待过程中游、行、住、购、食、娱、旅途服务，突发事件应对的实施步骤，为实地导游夯实基础，形成熟练开展标准化服务的能力"，课程总时数下限为 64 节，具体实施中，各学校可保持 72 节的总时数，周课时建议为 4 节，并可根据教学实际需要增加一定数量的景点和线路实训课。

二、教材编写特色

教材从实用、适用、够用的角度出发，为中等职业学校旅游服务与管理专业、导游服务专业、景区服务与管理专业学生掌握导游服务的实操知识提供借鉴。教材体系紧密结合导游服务岗位的服务流程和标准，注重"工学结合""理实一体"；同时，结合《中华人民共和国旅游法》及国家旅游局颁布的《旅行社入境旅游服务规范》（LB/T 009—2011）《旅行社服务通则》(LB/T 008—2011)《导游服务规范》（GB/T 15971—2010）《旅游景区讲解服务规范》(LB/T 014—2011) 等标准化文件细则，将标准化服务要求与教材内容有效融合。

本教材根据导游员的核心工作内容设计了若干训练任务。在每个任务中，首先对于完成任务需用到的相关知识进行叙述，并辅以实际工作中的真实案例，告诉学生"做什么、怎么做、如何做好、如何评价"；然后针对相关任务进行实际情景设计，学生可以在给出的情景下完成各项练习；最后教师根据行业岗位实际评价标准对学生练习的情况给予评价。作为旅游服务与管理专业的技能方向课程教材，本书突出"任务引领、学生主体、理实一体"的指导思想。通过教材学习，学生能有效提升导游服务实作能力。本教材还可作为中职导游服务专业、景区服务与管理专业的配套教材，与导游实务、导游基础知识、旅行社业务、景点讲解服务等课程配套使用，指导各专业学生的课内、外实训。同时，本教材还适用于旅行社、景区旅游接待从业人员的入职培训及岗位服务标准化培训。

教材所涉及的内容，完全依照中职旅游服务与管理专业、导游服务专业、景区服务与管理专业目标就业群和旅行社导游服务岗位的工作内容、职责确定，体现的特色为：

序号	特色	体现
1	突出质量标准	教材内容模块与国家、行业服务质量标准体系结合
2	突出核心能力	突出培养信息收集、讲解、突发事件应对、沟通协调能力要素及职业意识、服从意识、责任意识
3	突出全真实训	场景设计紧密接轨行业实践，强调时效性、动态性
4	突出客源细分	客源细分，与行业客源主要类型接轨
5	突出企业参与	领先企业、优势企业管理、骨干人员参与实训任务设计

三、学时分配建议（按教学周 18 周计算）

项目	任务		课时量	合计
一、分析技能训练	任务 1	有备而来——行程计划分析	2	4
	任务 2	知己知彼——团队情况分析	2	
二、讲解技能训练	任务 1	字字珠玑——导游语言	4	40
	任务 2	尽收眼底——途中导游	8	
	任务 3	清灵毓秀——自然景观导游	12	
	任务 4	博大精深——人文景观导游	16	
三、应变技能训练	任务 1	有的放矢——个别要求的处理	4	8
	任务 2	快速反应——突发事件的应对	4	
四、特殊团队导游技能训练	任务 1	寓教于乐——夏令营团队导游服务	2	10
	任务 2	人在旅途——银发团队导游服务	2	
	任务 3	细致严谨——政务团队导游服务	2	
	任务 4	运筹帷幄——商务考察团队导游服务	2	
	任务 5	出奇制胜——小包团导游服务	2	
五、特种旅游导游技能训练	任务 1	步步为营——探险旅游与导游	2	10
	任务 2	焦点访谈——摄影旅游与导游	2	
	任务 3	心驰神往——宗教旅游与导游	2	
	任务 4	探索发现——科普旅游与导游	2	
	任务 5	和谐包容——生态旅游与导游	2	

合计：72

四、教学方法建议

模拟导游是兼有实用性和操作性特征的专业技能方向课程。在教学中，需要将课堂讲授与任务实训有效结合，重点放在对学生实际操作能力和协调应变能力的训练培养。

1. 服务能力的强化

不同类型旅游资源的讲解规范、不同类型旅游团队的服务规范是本课程学生必须掌握的专业基础知识。在讲授、分析的基础上，更应通过演练强化理解。如客情分析、途中导游、游客个别要求处理、旅游资源推介、应变技巧等，需要通过多次强化训练形成学生的综合能力。

2. 服务质量的强化

旅游业的发展实践表明，标准化是旅游产业素质提升的基础。产业品质和服务质量是旅游业发展的生命线，标准化是提高旅游业质量层次的必由之路。为贯彻落实《国务院关于加快发展旅游业的意见》提出的以标准化为手段，健全旅游标准体系等一系列要求，围绕"把我国旅游业培育成国民经济的战略性支柱产业和人民群众更加满意的现代服务业"两大战略目标，国家旅游局近年来连续将旅游标准化试点列为重点工作。因此，教学中除了强化基础知识的掌握外，还应通过实训巩固服务质量，提升服务水平，让服务对象感受到更高的旅游舒适度。同时，让学生形成根据客源特点进行针对性、柔性化服务的职业习惯，将服务意识与质量意识紧密结合。

3. 应变、沟通、协调能力的提升

协调、沟通能力是旅游接待工作的核心技能之一，应变能力是专业学生综合素质的集中体现。强化灵活的应变技巧和处理问题的技巧是本课程的重点目标之一。教材中，协调、沟通、应变能力的训练与行业最新案例紧密结合，同时以规范服务为出发点，调动学生主动寻求问题答案的积极性，鼓励学生针对同一案例设计不同的解决途径。

《模拟导游》教材内容包括行程计划分析、团队情况分析、导游语言、途中导游、自然旅游资源导游、人文旅游资源导游、游客个别要求的处理、旅途突发事件的应对、不同团型的接待、不同类型旅游活动的组织实施等导游员岗位应具备的基础知识。更注重讲授的是对客源、景点、旅途知识的夯实和在服务中的灵活运用，为学生从事导游服务、景区讲解服务工作奠定扎实的知识基础和技能基础，为扩大专业学生就业面，适应旅行社、景区的就业多方位需要提供助力。

参加本书编写的人员主要有四川省旅游学校、绍兴市职业教育中心、辽阳市第一中等职业技术专业学校、抚顺市第一中等职业技术专业学校的旅游专业骨干师资和四川省国际旅行社、成都携程国际旅行社、四川导游之家的高级导游队伍。"中国十佳导游"廖荣隆教授、电子科大成都学院航空分院院长赵旭望教授对解说词案例进行了精心设计。其中，辽阳市第一中等职业技术专业学校王心老师负责编写项目二任务1，辽阳市第一中等职业技术专业学校褚洋老师负责编写项目二任务4，抚顺市第一中等职业技术专业学校张微微老师负责编写项目二任务3。成都携程国际旅行社高级导游唐国琳负责编写项目五任务1~2，"全国百佳导游"邱高负责编写项目五任务3~4，"全国百佳导游"顾琳负责编写项目四任务 4~5。绍兴市职业教育中心丁文琼老师、抚顺市第一中等职业技术专业学校张微微老师协助统稿，四川省旅游学校高级导游宫庆伟老师负责编写其他章节及全书统稿。

由于编写时间仓促及编写水平有限，不足之处在所难免，请读者和旅行社从业人员多加批评和指导。如有反馈意见，请发邮件至 zz_dzyj@pub.hep.cn。希望本书成为教师和学生互动学习中的朋友和媒介！

编　者
2015 年 5 月

目录

项目一
分析技能训练

　　分析技能是导游员导游服务技能中基础的一环。善于分析的导游员会从行程计划中发现行程的亮点、客源的特点、服务的要点、应变的焦点。在有效分析的基础上，导游员应勾画出带团过程中会面临的各种问题和应变策略。一名优秀的导游员只有具备细致的分析能力，才能在每次行程前做到心中有数，行程中做到防患于未然，行程后获得优质评价。

（1）掌握行程计划的主要内容，熟悉行程计划涉及的各个细节。

（2）掌握团队情况的基本要素，熟悉团队成员构成，具有针对性服务意识和针对性服务基础技能。

（3）提升对行程实施中突发事件的应对能力，强化协调、沟通能力。

任务一　有备而来——分析行程计划

旅游行程计划单（以下简称行程单）是旅游合同的重要组成部分，它由组团旅行社提供，也可由游客个人与地接旅行社商定后签字确认，按行程、天数明确旅游团或游客在游览过程中的食、住、行、游、购、娱安排标准。行程单是合同细化的表现，是旅行社依法履行义务，游客维护合法权益的重要参考标准。导游员在接受任务后，应对行程单进行仔细分析，把握各项服务标准和等级，努力做到心中有数、有备而来。导游员仔细分析行程计划，做好充分的上岗准备，不仅是对职业的尊重，更是对每一位游客的尊重。

小马进入天马旅行社实习的第一步便是熟悉大量的常规线路行程单。张经理嘱咐道："行程单是导游员带团的指令表，在服务中有着非常重要的参考性和约束性。"并要求小马对行程单的熟悉程度要达到如数家珍的地步。在服务中，小马要在第一时间复述天马旅行社常规旅游产品的行程安排，让游客对食、住、行、游、购、娱各个环节的服务标准都非常清楚。小马心里疑虑："不就一个行程单吗？游客拿在手里都能够看到，我有必要去熟悉全部内容吗？"虽有疑虑，小马还是按照旅行社的规范开始逐条熟悉本社的常规旅游线路产品。

行程单是旅行社产品服务质量和规格的具体说明，更是游客确认旅行社是否按合同要求提供服务的重要参考标准。旅行社从业人员对行程熟练的介绍会增加游客对组团社的信任，对工作人员职业素养的认可。导游员熟悉团队行程安排，明确各项服务标准，将有助于导游员控团能力的提升，保障接待质量。

一、熟悉行程计划

国家旅游局（现文化和旅游部）和国家工商行政管理总局（现国家市场监督管理总局）于 2014 年 4 月颁布的《团队境内旅游合同》（示范文本）第二章中，对行程单有明确要求：

旅途

旅行社应当提供带团号的行程单，经旅行社、游客双方签字或者盖章确认后作为本合同的组成部分。行程单应当对如下内容做出明确的说明。

（1）旅游行程的出发地、途经地、目的地、结束地，线路行程时间和具体安排（按自然日计算，含乘飞机、车、船等在途时间，不足 24 小时以一日计）。

（2）地接社的名称、地址、联系人和联系电话。

（3）交通服务安排及其标准（明确交通工具及档次等级、出发时间以及是否需中转等信息）。

（4）住宿服务安排及其标准（明确住宿饭店的名称、地点、星级，非星级饭店应当注明是否有空调、热水、独立卫生间等相关服务设施）。

（5）用餐（早餐和正餐）服务安排及其标准（明确用餐次数、地点、标准）。

（6）旅行社统一安排的游览项目的具体内容及时间（明确旅游线路内容包括景区景点及游览项目名称等，景区景点停留的最少时间）。

（7）自由活动的时间。

（8）行程安排的娱乐活动（明确娱乐活动的时间、地点和项目内容）。

（9）行程单用语须准确清晰，在表明服务标准用语中不应当出现"准 × 星级""豪华""仅供参考""以 × × 为准""与 × × 同级"等不确定用语。

二、分析行程特点

分析、归纳行程特点将为导游员顺利完成带团工作、规范提供标准化服务和有效提供针对性服务奠定良好的基础。

（一）分析要点

（1）旅游团概况。包括团号、组团社名称、计调人员姓名、电话号码、领队或全陪姓名、联络方式等。

（2）旅游团成员情况。包括客源地、人数、姓名、年龄、性别、职业、宗教信仰等。

（3）旅游线路和交通工具。包括该团的全程线路、入出境地点、乘坐交通工具的情况、抵离本地时所乘交通工具的班次时间和地点等。

（4）交通票据的落实。包括有无变更及变更后的情况、返程票确认等。

（5）特殊要求和注意事项。包括在住房、用餐和游览等方面有何特殊要求，是否有需要特殊照顾的游客等。

（6）是否需要提前办理有关证件。包括该团的旅游线路中是否有需要办理特殊通行证的地区和城市，如有，则需核实并落实办理手续。

（二）行程特点

对于导游员来说，每一段行程都有其独特性，因为每一次带团导游员面对的是不同的游客和不同的旅游环境。即使带的是同样旅游线路的旅游团，导游员也需要对行程进行再次分析和核实，灵活应对和处理，切忌麻痹大意。

案例呈现

某旅行社北京双飞五日纯玩团行程（部分）

（团费：××××元/成人，××××元/儿童）

行程天数：5天

出发城市：福州

出发日期：××××年×月×日

往返交通：航班往/返

项目	本社"全心服务"特色产品	市场同类产品
门票	含天坛通票，游人民大会堂、故宫（含珍宝馆及钟表馆）、天安门城楼、颐和园、鸟巢（内）夜景、长城、定陵、南锣鼓巷、国子监、恭王府、老北京胡同等精华景点	仅含天坛、故宫、颐和园、长城等常规景点
车辆	保证八成新、舒适、安全、干净、专车专用	1人1正座，车况不能保证，套团循环使用
导游	"全薪导游、全心服务"导游员，带团经验丰富，长期接待高端团队	常规团队导游，随机调配套团
购物店	无	有约定数量的购物点

项目	本社"全心服务"特色产品	市场同类产品
用餐	全程 9 次正餐（30 元 / 餐，含一餐东来顺涮羊肉），外宾旅游团队专用餐厅，保证用餐环境、质量	全程 5 次正餐（20 元 / 餐），内宾旅游团队常规餐厅
舒适性	全程无自费项目，行程舒适、合理	行程松散

第 1 天—第 3 天行程单（略）

第 4 天：北京游览

（1）早餐后，游览世界奇迹之一的万里长城精华段——八达岭长城（时间不低于 200 分钟，缆车往返费用自理），亲身体验"不到长城非好汉"的意境

（2）参观明十三陵之一的定陵（时间不低于 50 分钟），解读帝陵风水意蕴和大明的成败兴衰

（3）赠送游览北京最古老街区之一的南锣鼓巷（参观时间不低于 50 分钟）。有人说三里屯酒吧街是彩色的，什刹海酒吧街是暗红色的，而南锣鼓巷酒吧街是翠绿色的。这样的评说可能不仅指自然的色彩，还指其不同的文化内涵。北京的每一条胡同都有丰厚的文化积淀。每一个宅院都诉说着自己的老故事。友情提示：北京旅游高峰期时景点排队或步行时间可能较长；今天行程辛苦，需要早起，请各位前一晚务必注意休息，保证充沛体力，游览中请做好防晒措施

宿：北京

食：含早、中、晚餐

第 5 天：北京—福州（飞机）

（1）早餐后，游览中国古代最高学府之一国子监（时间不低于 50 分钟）

（2）参观恭王府公园（时间不低于 80 分钟）：这是北京现存王府中保存最完整的，前身为清乾隆时期大学士、权臣和珅的宅邸

（3）乘黄包车游览老北京胡同（时间不低于 20 分钟），穿梭于京城大街小巷，感受老北京风土人情

（4）乘车赴首都机场乘 MF8108 航班（16：05/18：45）或 MF8172 航班（17：40/20：25）或 MF8120 航班（20：05/22：50）返回福州长乐机场，结束精彩旅程

（含早、中餐，不含晚餐）

特殊说明：国庆黄金周期间，签订合同后将于 2 个工作日内出票，出票后如因游客自身原因取消预订，航空公司将按照规定收取相关费用

费用包含

（1）住宿。3晚三星级饭店双人标准间，1晚四合院内特色饭店：古韵坊怡景饭店双人间（无3人间也不能加床），四合院在胡同内，下车后步行到饭店需要5~10分钟（不含单房差××元/人）

（2）用餐。饭店含4早（自助早餐），共9个正餐（不含酒水）。正餐餐标30元/人·餐（8菜2汤/10人桌）×8餐；另有60元/人·餐×1餐。其中安排：北京烤鸭或饺子宴（30元/人），东来顺涮羊肉（60元/人）各1次

（3）交通。景区间使用空调旅游车（根据人数定车型），福州/北京/福州往返机票（含燃油附加费）

（4）门票。以上所列景点首道门票

（5）导游。全陪、地陪导游服务

（6）保险。旅游人身意外险

（7）赠送。旅游纪念品、老北京特色小礼品

（8）儿童。12周岁以下，含往返机票、车位、正餐全餐和早餐；不含门票（身高超高景区门票自理，持学生证者进景点前请向导游员出示）、不占床

费用不含

（1）航空保险、福州长乐机场接送机

（2）一切私人费用：如交通工具上非免费餐饮、洗衣、理发、电话、饮料、烟酒、付费电视、行李搬运、邮寄、购物、行程列明以外的用餐或宴请等。自由活动期间的餐食费及交通费

（3）行程中未列或注明的自费项目、超重行李的托运费等费用

（4）行李在航班托运期间造成损坏的经济损失

特别说明

（1）请带好有效的身份证件，避免因自身原因造成的误机、不能成行、无法入住等情况

（2）北京有可能因交通管制及国家公务活动造成的等候情况较频繁，也会造成一些外景及免费景点不能游览，双方友好协商，我社将尽可能予以调整顺序加以安排，敬请游客理解配合

（3）请游客注意每次的集合时间，准时到达

（4）团队餐厅多在景区附近，我社全程安排在旅游团队专用餐厅用餐，但因旺季用餐时间游客众多，可能出现排队等候情况。另：北京冬春季气候干燥，请游客注意多饮水

（5）入住饭店时请先检查饭店内配置的物品是否齐全，若有问题请及时报服务员或导游员，部分饭店为了环保无一次性洗漱用品。贵重物品随身携带，不要随意放在饭店房间内。请保持房间的卫生，爱护房间内设施设备

（6）老年人出游时请劳逸结合，景点游览时注意量力而行，不要太累，以免影响整个旅游行程。在饭店散步时，请注意防止滑倒

（7）毛主席纪念堂、奥林匹克森林公园、鸟巢、水立方、人民大会堂等如遇国家重大活动或规定性关闭不对外开放时，则取消相关景点，费用退还

重要条款

1. 安全事宜

（1）游览时，请注意人身安全和财产安全

（2）乘坐交通工具时，现金、证件或贵重物品请随身携带。离车游览时，贵重物品不宜放在旅游车上

（3）因个人疏忽丢失自行保管的财物，旅行社将不承担赔偿责任

（4）若您在旅游过程中遭受人身伤害，请务必第一时间联系我社，旅游意外险1日游最高保额10万元，2日游以上最高保额20万元（根据年龄段有所区分）。18周岁以下、75周岁以上最高身故保险金额赔付以5万元为限，65—75周岁最高身故保险金额赔付以10万元为限。由于保险公司要求最迟在团队出发前一天的17：00之前上传准确名单，由于游客提供名单和证件号码不及时导致保险无效所产生的责任与我社无关

2. 乘坐航班

（1）航班时间出团前通知，国内航班必须至少提前90分钟抵达机场办理乘机手续。根据中国民航局公告，为保证航空安全，禁止旅客随身携带容量在100毫升（含）以上液态物品容器和打火机、火柴乘坐国内航班，每人限带一件随身行李登机（充电宝、锂电池等不能随行李托运，只能随身携带登机，同时充电宝额定能量不超过100 wh）。详细信息请查询"关于禁止旅客随身携带液态物品乘坐国内航班的公告"

（2）出发时请随身携带身份证原件（身份证过期所造成的损失由游客自负），满16周岁的儿童无身份证者，安检时请提供户籍证明和户口簿原件；16周岁以下儿童需带好户口簿原件；外籍游客请携带护照原件登机

（3）以下证件可作为登机凭证。中国籍旅客居民身份证、临时身份证、军官证、警官证、士兵证、港澳和台湾同胞旅行证（台胞证）、外籍护照、旅行证、外交官证以及其他中国民航局规定的有效乘机身份证件

3. 出游期间

（1）在餐厅用餐时可能会出现等位现象，请游客互相谅解；在景区游览人数可能很多，请注意保管随身携带的贵重物品；特别是在拍照的时候，贵重物品请不要放在地上

（2）很多景区或饭店内设有购物场所，属于景区或饭店商业行为。出游期间购物，请根据自己需要，自由选择，务必慎重把握价格、质量，并索取正规发票

（3）游客需对其身体状况是否适合本次旅游负责，此外应加强安全防范意识，服从安排、听从劝告

4. 游客声明

本人对以上行程表及备注内容已详细阅读，同意相关条款的约定，并同意其为《团队国内旅游合同》《报名表》《补充约定》不可分割的一部分，本表自双方签字或盖章之日起生效

旅游贴士

1. 装备

（1）北方天气春、冬季早晚较冷，请注意增添衣物

（2）建议出游穿厚底防滑的休闲鞋

（3）出门在外，请自备创可贴、感冒药、止泻药等常用药品

2. 特产

（1）土特产。良乡板栗、茯苓饼、北京酥糖等

（2）北京风味。全聚德烤鸭、东来顺涮羊肉等

（3）北京工艺品。景泰蓝、北京雕漆等

案例点评

行程安排是旅行社设计差异性产品的重要因素。同样的旅游目的地，旅行社可以根据行程安排的不同凸显自身的经营特色。所以，旅行社业务人员和导游员要对本社特色产品的行程安排了如指掌，同时能够和市场上其他同质产品做对比，在比较中增强自身产品的说服力和性价比。

三、掌握注意事项

（一）安全事项

（1）游客旅途和随团游览、自行游览期间的人身、财物安全提醒。

（2）宣传贯彻游客保险赔偿的知识。

（二）旅游须知

（1）旅游团队集合时间、地点。

（2）导游员、司机及饭店的联系方式。

（3）常用应急电话号码的提醒。

（4）游览注意事项的提醒。

（三）应急预案

（1）旅游突发事件的类型。

（2）旅游突发事件的应对。

任务拓展

1. 收集一份旅游产品的行程单，模拟"客服"，进行实训。

（1）活动形式。以小组为单位，开展旅游行程计划的模拟讲解和分析练习。

（2）评价要素

评价标准	金牌导游组	银牌导游组	铜牌导游组
内容	完整、翔实，有细节描述，信息准确	较完整、整体要素齐全，信息准确	重点要素齐全，信息较准确
技巧	生动活泼，重点突出，与讲解环境适宜，满足对象需求	发挥稳定，基本与讲解环境适宜，基本能满足对象需求	有明显中断，基本与讲解环境适宜
语言	语速适中，抑扬顿挫，有亲和力	语速适中，语言较平淡	语速平均，背诵式讲解
总体印象	说服力强，资料详尽，沟通效果好	有一定说服力，资料有欠缺	自信心不足，资料缺项多

2. 以小组为单位，收集本地旅行社的典型产品行程单，制作最新的《产品手册》，在全班进行分享。

3. 以游客身份，到一家本地旅行社的门店或线上旅游平台进行出游咨询，记录咨询内容并写出心得。

任务二 知己知彼——分析团队情况

旅游不只是一种体验，还是人们彼此了解和沟通的有效途径。游客是导游员的主要服务对象，了解游客的旅游需求、心理和性格特征与导游员提升服务质量有非常重要的关系。只有掌握了游客的心理需求，导游员才能提供有针对性的服务，并有效满足游客的旅游需求，从而使游客获得预期的满意度，并赢得回头客，导游员的工作业绩和旅游企业的市场口碑也会进一步提升。

任务描述

小马在接待的过程中发现，各个地区的游客处世风格不一。东北游客豪爽，重庆游客耿直，成都游客淡定，北京游客大度，广东游客务实……张经理告诉小马："如果在服务中能有效把握游客的旅游需求，有的放矢，和谐相处，导游员的业务会开展得更加顺利。"小马意识到：和服务对象的有效沟通将是带团工作中的一个重要环节，在某些时候，它甚至会影响到团队运行的成败。

任务分析

游客的旅游需求类型多样，个性也各不相同，在旅游的各个阶段也会体现出不同的心理特征。导游员应在接团前对游客进行具体细致的分析，包括详细掌握游客的客源地、职业、年龄、姓名、同游人员情况等。在服务中，导游员要有效运用各种服务技巧，与游客和睦相处，由了解到熟悉、到信任，再到知心，成为游客在旅途中值得信赖的朋友。

任务实施

一、分析团员情况

（一）因时而异

随着旅游活动的开展，游客在不同阶段会体现出不同的心理特征。

（1）行程初期阶段。充满期待与求保障、求异心理。行程开始之初，游客初到一地，充满好奇与激动。但由于人生地不熟，会产生紧张和不安全感。这个阶段游客求保障的心理异常突出，甚至成为他们的主要需求。同时，游客这时的注意力和兴趣从日常生活中熟悉的环境转移到新的旅游目的地，对一切充满好奇，什么都想看、想发问、想知道答案，一些当地人司空见惯的生活习惯在游客眼里会成为一件新鲜事。如云南少数民族的生活习惯会成为游客心目中的"十八怪"；北京常见的居住环境四合院会成为游客探古怀旧的去处；广州人的早茶会成为游客体验当地生活的首选；成都人称带副座的自行车为"炮耳朵"等。这时导游员应多组织轻松愉快的游览体验活动，对游客提出的甚至是幼稚可笑的问题也应认真回答，详细解释，以满足游客求异心理的需求。

"炮耳朵"

（2）行程中期阶段。享受旅程与散漫、挑剔心理。随着行程的进一步展开，旅游团成员间、游客与导游员间越来越熟悉，游客开始放松和自在。这时会产生一种轻松的心态，游客的个性特征开始显露，其心理特征主要表现为以下两点。

一是散漫心理。游客的自由心态越来越突出，时间观念、团体观念减弱，游览活动中开始出现自由散漫的现象，容易丢三落四，成员间相处时矛盾会逐渐显现。

二是挑剔心理。目前，外出旅游仍是大多数百姓生活支出中一个花费较多的项目。游客不仅把旅游活动理想化，希望旅游活动的一切都是美好的、理想的，从而产生物质上、心理上的过高要求，还会把这种过高的要求寄托在导游员的身上。游客在这一阶段提出的问题范围更广泛，个别游客还会提出一些不友好、挑衅性的问题。导游员在这一阶

美好旅程

段的工作最为艰难，这个阶段也最能考验导游员的组织能力、独立处理问题的能力和控团能力。

（3）行程结束阶段。美好回忆与矛盾心理、忙乱状态。行程即将结束，大多数游客心理上会有一种矛盾状态。一方面是对轻松旅游的眷恋，结束之前充满惋惜与留恋；另一方面需要考虑旅游结束后的事务衔接，挑选为亲朋好友带的礼物、纪念品和自用物品。美好的时光总是短暂的，旅游在某种意义上是一种难忘的经历和阅历。这种暂时性特点让游客在行程结束前总是那么不淡定，充满纠结。

（二）因地而异

一方水土养一方人，来自不同地区的游客在待人接物中也会体现出不同的心理特征，下表列出了我国不同地区游客的主要个性特点及相应接待技巧（表1-1）。

表 1-1　我国不同地区游客的个性特征及接待技巧

客源地区	个性特点	接待技巧
东北地区	豪爽、讲义气、幽默能侃	不要斤斤计较，注意感情投入，彼此坦诚相待，多使用幽默风趣的语言
以北京为代表的华北地区	大局观强、幽默能侃、文化素养较高、人情味浓	多开展文化主题讲解，对古建筑、历史内容应做充分储备，相处中以诚动人
以上海为代表的华东地区	恋家、精明细心、文化底蕴深	安排清淡饮食，突出地方特色，结算费用条目清楚，耐心答疑，多开展历史人文方面的交流
以广东为代表的华南地区	注意避讳、注重养生、时间观念强	说话防"忌"，突出吉利；根据接待级别做好相应的安排；多推荐当地的特色菜肴；多交流商业文化和饮食文化
西南地区	质朴豪爽、努力进取、重视友情	多换位思考，注意对当地地域文化的掌握，熟悉当地代表性的旅游资源，突出文化内涵
西北地区	多元民族文化、宗教禁忌严格、豪放热情	尊重其民族、宗教以及饮食习惯；待人以诚；熟悉当地代表性的旅游资源
以湖北、湖南为代表的华中地区	倔强执着、重友情、肯帮忙	服务热情、友好；彼此坦诚相待；熟悉当地文化及代表性的旅游资源
港澳台地区	信奉宗教和神灵，忌讳多；讲究饮食、养生文化，喜欢新鲜食材；注重宗亲情结、文化寻根，民俗和闽、粤地区基本相同	多讲解人文历史和祖国的发展变化，多了解他们的忌讳，多安排具有地方特色的文娱活动

（三）因人而异

每个地区的游客既有共同的性格特征和旅游需求，又因个体的不同而有所区别。所以，在接团前，导游员应注意了解游客的年龄、性别、职业、身份、同游者情况等信息，在接待中才能有的放矢。在规范服务的基础上开展针对性服务，灵活应对，以优质服务获得整个旅游团队的认可。

二、提供柔性化服务

（一）柔性化服务的途径

柔性化服务是导游员在做好旅行社接待计划要求的各项规范服务的同时，针对游客的个别要求而提供的服务。柔性化服务是一种建立在理解人、体贴人基础上的富有人情味的服务。它是一种非制度化、非标准化的服务，更多地依赖于导游员的服务意识和职业素养，而非旅行社的服务标准、规范的硬性条款约束。

由于游客需求的多样化和服务环境的多变性，旅行社在实际工作中必须为导游员适度授权，确保服务现场人员能够灵活、快速地对游客的要求做出判断、回应，以柔性化的服务来满足游客多样化的需求，从而突出顾客价值，提升旅行社的竞争优势。

（二）柔性化服务的实施

旅游团队的游客不同于散客，他们的个人需求受团体的限制。旅游合同中的旅游项目，只是集合了游客的共同要求，游客的个别要求、想法难以在合同中反映出来。柔性化服务虽然只是针对个别游客的个别要求，有时甚至是游客旅途中的一些小事，但是导游员做好这类小事往往会起到事半功倍的效果，对全团的正向影响会大大超过小事本身，同时能显示导游员良好的个人修养，使游客切身感受到导游员求真务实的作风和为游客排忧解难的态度，从而对导游员、旅行社更加信任和尊重。

任务拓展

1. 假如你是一名导游员，请针对下表描述的游客需求或情境，谈谈如何进行柔性化服务？

需求或情境描述	柔性化服务策略
导游员通过游客登记的身份证号了解到有游客在旅游期间恰逢生日	
当天的行程，可能会遭遇堵车，车程时间较长	
在高海拔地区游览	

需求或情境描述	柔性化服务策略
适逢雨季，阴晴不定	
在少数民族聚居的城市，导游员在机场接团	

2. 以小组为单位，收集互联网上关于导游员柔性化服务的经典案例或访谈当地优秀的导游员，制作《柔性化服务宝典案例手册》，在全班进行分享。

项目二
讲解技能训练

　　讲解技能是导游员导游服务技能中关键的一环。山川之灵、河湖之秀、民俗之情、建筑之韵都要通过导游员画龙点睛的讲解，将旅游资源的美有效传达给游客。一名优秀的导游员必须具备出色的导游讲解能力，这样才能引导游客深入体会景致中的韵味和内涵，给游客带来丰富的旅游感受。

（1）掌握导游语言的特点，熟悉导游口语表达的技巧，并能在服务中得体运用。

（2）掌握途中导游的要求，熟悉途中导游技巧，并能灵活运用。

（3）掌握自然景观的讲解要求，能针对不同自然景观灵活运用讲解方法。

（4）掌握人文景观的讲解要求，能针对不同人文景观灵活运用讲解方法。

任务一　妙语连珠——运用导游语言

导游服务工作要求导游员具有扎实的语言功底，要求导游员在与旅游者交流、讲解时，语言表达要在"正确"和"得体"上下功夫，在"优美"上做文章。导游语言的正确、得体、优美不仅反映了导游员自身的语言文化功底，更是对职业的尊重、对旅游者的尊重。

导游语言指导游员与旅游者之间交流思想、表达情感，以及导游员在指导游览、进行讲解、传播文化时使用的一种具有丰富表达力的、生动形象的口头语言。导游语言是导游员重要的基本功之一，是导游服务最重要的工具。

小马作为导游员，接待的第一个团是来自某地的观光团。团队上车后，小马认真地讲解起来。介绍本地的历史、地理、政治、经济，以及本地的一些独特风俗习惯。然而，游客对她认真的讲解似乎并没有多大兴趣，不但没有报以掌声，坐在最后两排的几位游客反而津津乐道于自己的话题，相互间谈得非常起劲。虽然前排也有个别的游客回过头去朝那几位讲话的游客看了几眼以表暗示，但那几位游客好像压根儿没有意识到影响了他人，依然我行我素。看着后面聊天的几位游客，再看看那些认真听讲解的游客，小马竭力保持自己的情绪不受影响。但是她不知道怎样做才能有效提示游客先听讲解，以避免互相干扰。

在一个旅游团中，导游员不能期望所有的游客都依照导游员的意愿去行事，都能专心致志地听导游员讲解。作为导游员，当发现团队中有游客不爱听自己的讲解时，首先应及时调整讲解内容和方式，通过互动引发游客的兴趣。切忌只顾讲解，对讲解效果和游客的反应视而不见。

任务实施

一、导游语言的特点

人人都说导游员是一位"杂家"。因为导游讲解的内容广泛、复杂，有的内容难度高，而且往往没有时间去字斟句酌，必须在现场正确、清楚、流利地表达出来。这就决定了导游语言必须具有知识性、得体性、艺术性、互动性等特点。

（一）知识性

知识性就是要言之有物、言之有据。导游讲解的内容要充实，要有说服力。导游员的语言应具有鲜明的主题，不讲空话和套话，不刻意玩弄华丽的辞藻。导游员讲话要对游客负责，切忌故弄玄虚；导游员讲解必须有根有据，令人信服，不得胡编乱造、张冠李戴。讲解的内容必须准确地反映客观事实，做到就实论虚，入情入理，切忌使用空洞无物或言过其实的词语。如把有二百年历史的"古迹"夸大为五百年的历史，动不动就使用"世界上的""全中国最美的""最高的""最大的""独一无二的""甲天下的"等词语，这类没有依据的信口开河的词语会使部分游客产生反感。

模拟讲解

西 湖

朋友们：

欢迎来到著名的风景游览胜地、世界文化景观遗产——杭州西湖。

"山山水水处处明明秀秀，晴晴雨雨时时好好奇奇"，西湖的精致在于每个季节、每个角落。春有"苏堤春晓"，夏有"曲院风荷"，秋有"平湖秋月"，冬有"断桥残雪"，远看"双峰插云"，近看"花港观鱼"，远听"南屏晚钟"，近听"柳浪闻莺"，暮有"雷峰夕照"，夜有"三潭印月"。这些是从南宋起就得名的"西湖十景"。

断桥残雪

三潭印月

各位，现在我们驻足的是断桥。西湖是一个有着独特文化内涵的湖泊。其中，领会被誉为"西湖三绝"的"孤山不孤、断桥不断、长桥不长"是看懂西湖的关键之处。

断桥因何不断呢？《白蛇传》中说，白娘子与许仙雨中在此相逢，借伞定情。断桥因此成为西湖的第一座情人桥。由于断桥所处的位置背城面山，处于里湖和外湖的分水点，视野开阔，是冬天观赏西湖雪景最好的地方。每当瑞雪初晴，桥的阳面已经冰消雪化，而桥的阴面却还是白雪皑皑，远远望去，桥身似断非断，"断桥残雪"因此得名。此外，断桥也是白堤的终点，从"平湖秋月"而来的白堤到此中断，所以"断桥不断"还有"堤断桥不断"的意思。

2011 年 6 月 24 日，联合国教科文组织总部，第 35 届世界遗产委员会大会执行主席戴维森赫本敲响了手中的小槌。这一槌，实现了所有中国人的期盼——西湖成为我国第 41 处世界遗产，提名是"文化景观"。

"疏影横斜水清浅，暗香浮动月黄昏"，北宋诗人林和靖筑庐杭州西湖时不会想到，千载之后，他隐居 20 余年的孤山以及整个西湖，会被联合国教科文组织世界遗产委员会认定为具有"普世价值"的世界文化景观遗产。申遗成功必将使西湖及其深厚的文化内涵更好地为世界所知，为世界人民服务。

（部分供稿：浙江新世界国际旅游有限公司 杭州市金牌导游应虞乐、施兴琴）

讲解要诀

导游员是一个城市的形象大使，导游员在讲解自然美的同时，更要传递知识、传播文化。西湖是我国湖泊旅游资源中人文底蕴最厚重的景观之一，该导游员的讲解由"面"及"点"，再由"点"及"面"，详略得当。在讲解"断桥不断"时，融入了传说、科学成因，虚实结合，让游客既领会其真正含义，又增添了趣味性。同时，突出"世界文化景观遗产"这一西湖的金名片，提升文化品位和文化自信。

（二）得体性

得体性就是要言之有境、言之有礼。导游员说话要根据不同的环境、不同的对象、不同的时间区别对待，做到有的放矢，得体自然。导游语言的得体性更体现在道德层面上。

道德指以善恶为标准，通过社会舆论、内心信念和传统习惯来评价人的行为，调整人与人之间以及个人与社会之间相互关系的行动规范的总和。中华传统文化发展中，形成了以"仁义"为基础的道德体系。导游语言的道德属性就是要求导游员在讲解中言语文雅，谦虚敬人，令游客听后赏心悦"耳"。作为导游员一定要注意养成文明语言的习惯，多使用敬语、谦语。例如："请大家注意游览时间，以免耽误后续行程""谢谢各位的配合和支持，我们准时出发了""晚餐后要耽搁一下大家的时间，我们一起商议一下明天的行程调整"等。

（三）艺术性

艺术性就是要言之有情、言必传神。言之有情指导游语言应富有人情味，让游客感到亲切、温暖；应具有情感内涵，让游客备受感染。言必传神指导游员讲解时应多用形象化的语言，以声传神，引人入胜。导游语言要求词语选用丰富多彩，句式组合灵活多样，并恰如其分地运用比拟、夸张、借代、比喻、映衬、象征等修辞手法，将千姿百态的景观讲解得栩栩如生。所以，优秀的导游语言应富有文学艺术色彩，具有潜移默化、动人心弦的感染性和艺术性。例如，旅游旺季时，导游员带游客到景点餐厅用餐，餐厅游客很多，服务员忙个不停。游客们都饿了，不停地催促导游员让服务员赶紧上菜。这时导游员却不耐烦地说："急什么？没看见人家正忙着吗？"这样的话随意出口，游客内心的不悦是可想而知的。优秀的导游员是这么说的："各位请稍候，我先为大家斟茶解解渴，我会立刻去厨房催传菜员快些上菜的，请大家稍候。"游客听到这样的话会觉得心里暖融融的。同样的环境，同样是说话，却产生两种截然不同的效果。我们经常听到导游员对游客说："昨天见您玩得真高兴"或者"这顿晚饭您用得真香"等。类似这样的用语，我们可以理解为简单的问候和寒暄。当然，出于礼貌与礼节的问候和寒暄是不可缺少的，但如果从服务技巧和服务心理学的角度是远远不够的。导游员是否可以把话讲得更有人情味，更言之有物呢？如果导游员这么说："这几道菜是当地的风味特色菜，口味偏辣，你们远道而来，可能不习惯这么辣的口味，我让厨师尽量少放辣椒，你们尝尝是否合口味？"这样游客不仅觉得自己被尊重，更获得了愉悦的心情，因为导游员的语言表达中注重了感染性和心理距离的拉近。

（四）互动性

互动性就是言之有时机、言之有对象。导游员与游客往往都处于一种空间移动的动态之中，尤其在沿途讲解的时候，这种状况表现得尤为明显。导游员的讲解就是步移景异，根据不同的景物，进行及时的讲解。导游员与游客往往是一种交互状态，形成互通有无、相互促进的关系。这种情景通常表现在导游语言交际之中，根据这种情况导游员应根据游客提出的问题及时进行针对性的讲解。

导游语言是导游员对游客服务的重要工具，良好的导游语言是对游客服务成功的保障。导游员要想用好服务语言、用活服务语言就必须切实提高自身的服务意识、文化综合素质和灵活应变能力。

二、导游口语表达技巧

口语就是口头语言，日常口头交谈时使用的语言（区别于"书面语"），属于日常会话的通俗语言。在导游服务中，口头语言使用频率最高。口头语言作为语言的一种形式，其构成包括表达内容、语调、语音、语速、停顿及轻松幽默、生动活泼的语言风格。在导游讲解中，它们的变化能够引起语意上的变化。导游员若能掌握好口语表达的技巧，其讲解一定会对游客产生较强的吸引力。

（一）掌握语调

1. 语调的概念

语调即人说话时采用的声调，指讲话时句子里语音高低升降的变化。语调是以声调为基础的，以平仄的对应和交错形成语言的抑扬之美、声音的节奏之美，使语言具有音乐般的节奏感。如同游客在欣赏景色时，长时间面对单调同一个景观难免心生倦意，长时间面对同一连续的声调也是如此。导游员在讲解时，如果语调平平，缺乏生气，讲解效果自然不会出色。

2. 语调的类型

句子都有一定的语调，如陈述句用的是降调，疑问句用的是升调，它们分别表示不同的语气和情感。语调一般分为升调、直调和降调三种。

（1）升调多用于表示兴奋、激动、惊叹、疑问等感情状态。例如："大家请看，对面就是巫山十二峰之冠的神女峰呀！"（表示兴奋）；"您知道陈毅元帅如何用'壮'字来描述三峡的特点吗？"（表示疑问）。

（2）直调多用于表示庄严、稳重、平静等情感状态。例如："故宫又名紫禁城，是明、清两代皇帝的家园，家与国，在这里得到统一。"（表示庄严、稳重）；"这儿的街道都是步行街。"（表示平静心态）。

（3）降调多用于表示肯定、赞许、感激、期待、同情、悲伤等感情状态。例如："我们今天下午两点出发。"（表示肯定）；"希望大家有机会再来河南，再来少林寺。"（表示期待）；"对您家中的不幸，我也感到很难过。"（表示同情）。

由于地方方言都有各自的语调习惯，有的国内游客受地方方言的影响，所使用和理解的普通话也各有差异。所以导游员在讲解时语音要标准，使用语调要注意所要表达的情感变化。

（二）调控音量

1. 音量的概念

音量指人说话时声音的强弱程度。导游员在讲解或同游客对话时，要善于根据情景控制自己声音的强弱。

2. 调节音量的依据

导游员控制音量的依据主要有两个。第一是根据游客人数的多少和导游地点的环境状况来控制音量。游客人数多时,导游员可适当提高音量,反之则适当降低音量。音量大小以每位游客都能听清为宜。为了使每位游客都能听清讲解,除了适度控制与调节音量外,导游员讲解所站的位置也很重要。在讲解时,导游员应该面向游客,站在半圆形队列的圆心位置上。导游地点主要分为室内和室外。在室内环境比较安静的情况下,导游员应该适当降低音量;在室外环境比较嘈杂的地方,导游员应该尽量提高音量。第二是根据导游讲解和言谈对话的内容来调节音量。对于一些重要的内容或信息、关键性的词语等可以提高音量进行强调,以加深游客对这些信息的印象和理解。有时为了强调,除了分配重音外,还要拖长音节或一字一顿地慢慢说出。

例如: ——我扶您上去好吗?

——我扶您上去好吗?

——我扶您上去好吗?

——我——扶您上去好吗?

第一句加重音量的在"我"字上,强调的是"我";第二句强调的是"扶"字;第三句是在征求游客的意见;第四句将"我"字的音节拖长,比第一句的力度更大。

3. 调节音量的技巧

善用音量的调节,非一日之功。导游员在工作实践中要能运用自如,还需要不断提高自己声音的质量,同时学会调节音量的技巧、科学的发音方法。

首先是呼吸的方法,这是发音的基础。俗话说"有底气"或"底气不足",实际上就是一个呼吸方法的问题。发音时正确的呼吸方法是不用胸部而用小腹,这就是我们经常说的"丹田音",即用丹田控制发音时气流的轻重缓急。丹田指脐下一至三寸的地方。这种呼吸方法能连续发出更多的音节,发音的高低长短更易于控制。

其次是吐字清晰的问题。有些人说话吞吞吐吐,令人费解,除了呼吸方法不对之外,往往还有一些发音的不良习惯,如发音位置不准确,口腔打开不到位,舌头也经常"偷懒"。其实只要认真练习、持之以恒,导游员做到吐字清晰、字正腔圆并不难。

(三)注意语速

1. 语速的概念

语速指人说话时语流速度的快慢。一般来说,导游员的说话速度应是快慢适度。语速过快难以让游客的思维与导游员保持同步,给游客留下的印象不深,甚至听后即忘;语速过慢会使游客感到枯燥和倦怠。同样,导游员的语速也不能自始至终以一种恒定不变的中速进行,这样游客听起来更觉得疲劳。因此,恰到好处的语速变化对讲解效果的提升会起到重要的作用。

2. 把握语速的技巧

讲解中语速的变换,应以讲解内容的需要及游客的接受能力、年龄层次为依据。比较理想的讲解语速应是语速适中，有快有慢，富于变化。

（1）根据导游讲解对象来调节语速。例如，对中、青年游客，语速可略快，而对老年游客，则语速要适当放慢。

（2）根据导游讲解内容来调节语速。讲解中，对重要的内容或要特别强调的内容，语速要放慢一些，以便游客记忆，如重要景观、特色、人名、数字、游览时间、集合时间、集合地点等，而对不太重要的内容或众所周知的内容，语速则可适当加快。

（3）根据导游讲解地点来调节语速。沿途导游讲解要求清晰，讲重点，眼到嘴到，讲解语速可稍快；参观自然景观时可留下更多的时间给游客回味和联想，一般语速为 220 字 / 分钟；讲解引发积极情感的人文景观时，需要导游员对其历史、文化价值进行详细介绍，语速可稍慢，一般为 120 ～ 160 字 / 分钟；讲解引发消极情绪或引人深思的人文景观时，导游员应引导游客反思与领悟，此时语速最慢，一般为 100 ～ 150 字 / 分钟。

（四）善用停顿

1. 停顿的概念

在导游讲解中适当地运用停顿，既是准确表达语义所必需的条件，又是游客完成心理反应所必需的。停顿指说话时，语音上的间歇或暂时中断。这里所说的停顿指导游员根据讲解内容的要求和讲解目的所做的刻意停顿，而不是说话时的自然换气。

2. 停顿的作用

（1）表达语义。口语表达在分句之间、句子之间，说完一层意思、一个段落，都应有适当停顿。这种停顿在书面语上就是标点符号。人们说读文章"要把标点读出来"，就是用停顿来表示。同时，句中的词或词组不能任意断开，该停则停，不该停则不停。

（2）吸引游客。游客在听取讲解时，他们的心理反应必须有一个过程。讲解中的暂时停顿，会有效吸引游客，调动游客参与其中的积极性。毛泽东主席在讲话时，每当讲到重要的地方，为了加深群众的印象，他就暂时沉默，观察群众的反应。事实上很多著名的政治家在谈话或演讲中都善于使用这一方法。这值得导游员在讲解中借鉴。

3. 停顿的类型及运用技巧

在导游讲解中，必要的、适当的停顿，不仅会使语言更加具有力度，还有助于提升讲解效果。

（1）停顿从性质上分为逻辑停顿和感情停顿两种

①逻辑停顿：是根据说话内容的逻辑关系所做的停顿。例如："当长江流至重庆东部的奉节，以雷霆万钧的气势 / 劈开崇山峻岭 / 奔腾而下，形成了雄伟壮丽的 / 长江三峡，也就是我们今天要游览的地方，我们常说的三峡 / 是瞿塘峡、巫峡、西陵峡的总称，它西起 / 重庆奉节的 / 白帝城，东到 / 湖北宜昌市 / 南津关，全长 /200 余千米。瞿塘峡 / 雄伟险峻，巫

峡／幽深秀丽，西陵峡／滩多水急，三峡两岸／重峦叠嶂，形态各异。"这段长江三峡的介绍中，停顿之处都是为了引起游客的注意，使游客欲知下文为何。当然，导游讲解时停顿也不宜用得过多、过频，以免影响讲解的整体性。

②感情停顿：是根据说话内容中的情感需要而做的停顿，通常在表示激动、愤慨、疑问或感叹等情感时使用。例如："各位，我们现在进入了黄浦公园。提到这里，每一个中国人都忘不了昔日列强挂在公园门口那块／'华人与狗不得入内'的木牌。那块／臭名昭著的木牌，让当时的中国人蒙受了巨大的／耻辱"（表示愤慨）；"行李都清点过了，怎么会／少呢？"（表示疑问）。

（2）停顿从说话的习惯可分为语义停顿、暗示省略停顿、等待反应停顿和强调语气停顿

①语义停顿：是根据词语的意义所做的停顿。一般情况下，一句话说完时有较短的停顿，而一个意思说完时则要有相对较长的停顿。例如："各位，故宫又名紫禁城，／位于北京市区中心，／是明清两朝的皇宫。／／它始建于明永乐四年（1406年），／建成于明永乐十八年（1420年），／是中国保存最完整、规模最大的古代皇宫建筑群。／／明朝建造紫禁城征用了工匠23万，／民夫百万以及大量士兵，／永乐十八年竣工后，／次年元旦吉日，明成祖朱棣亲临奉天殿受朝贺，紫禁城正式启用"。很明显，有了这些明确的停顿，导游员讲解起来不但节奏分明，而且层层表意清楚，便于游客理解。

②暗示省略停顿：是说话人不明确表示其意思，而用含蓄的语言或示意的举动让人领会的停顿。例如："各位请看这两座山峰，左边这座山峰峻峭挺拔，就像古代头梳发髻的战士，／／右边这座稍微矮一点儿，就像一位婀娜多姿的少妇，／／这两座山峰头挨着头，身靠着身，就连眉毛与牙齿，也看得清清楚楚，／／像是一对久别重逢的夫妻在耳鬓厮磨，窃窃私语。"这里，导游员并未对所讲的内容直接表示肯定或否定，而是采用停顿的办法，让游客通过自己的感受去做形象判断。

故宫

③等待反应停顿：是话到关键之处有意停顿下来以激起听众反应的停顿，这种停顿有时采用提问的方式。例如："真武大帝相中了这块宝地，便到天柱峰找无量佛商量借地，并提出只借八步即可。无量佛见只有八步之距，也就答应了。"这时导游

张家界

武当山金殿

员故意停顿下来，看看游客疑惑的神情，又接着说，"没想到真武大帝法力无边，他从天柱峰顶走了八步，一步一百里，八步竟占去了整个武当，从而赢得了永久居住权，武当山也因此成为道家的场地。"

④ 强调语气停顿：指说话时说到重要的地方，为加深游客内心印象所做的停顿。例如："武当山金殿是我国最大的铜铸鎏金大殿，修建于永乐十四年（1416年）。整个金殿没用一颗钉子，全是铸造好各个部件后运上山搭建而成，卯榫严密，构架精工。金殿内的灯是长明灯，从来不灭。大家看，周围山顶空旷多风，为什么它不会被风吹灭呢？"讲到这里，导游员故意把问题打住，然后带领游客参观游览，使游客在游览过程中联系这个谜底进行思索。

案例呈现

话里有话

小马通过几次带团，发现工作时还要注意游客说话的真实意图。例如，游客一句简单的表达"你真好！"如果重音放在"你"字上，说明这是在真心表扬；如果重音放在"好"字上，那这种表扬是可真可假，也许是一种应酬；如果把重音放在"真"字上，而且把声音拖长，那表达的意思就是相反的。

有时同样是长叹一声，但语义有可能完全不同。例如，游船经过三峡大坝，夜景非常壮观，小马听到一位老华侨长叹一声。那意思肯定是："伟大的工程，了不起！"不过也有相反的，同样在三峡大坝，当小马讲解到库区淹没的范围时，一位老年游客同样长叹一声。小马一细问，原来他是当地人，少小离家，现在村子已整体迁移到库区之外，见景生情，心生感慨。

案例点评

"辅语"指人们说话时声音的轻和重、音调的高和低、语速的快和慢、语调的急和缓、停顿的长和短。当人们用同样的语言来说话时，所用的"辅语"可能完全不同。所以，仅仅根据别人的言语来判断他的态度是远远不够的。只有仔细地辨别他所使用的"辅语"，才能听出"弦外之音"，才能真正懂得"话里有话"。

（五）巧用幽默

1. 幽默的概念

在 20 世纪 20 年代，将"幽默"这一概念引入我国的文学大师林语堂曾说"幽默本是人生之一的部分"，可见幽默对于人生是多么重要。幽默是生活和艺术中一种特殊的喜剧因素，指通过暗示、比拟、比喻、双关等修辞手法，抓住生活中轻松、可笑的细节于"情理之中，意料之外"巧妙表达，以引发笑感或感受情趣的特殊能力。

2. 导游幽默语言的作用

（1）融洽关系。导游员与游客大都是初次接触，互相比较生疏，为了融洽关系，给他们以信赖感和亲近感，导游员就要主动与游客交谈。但是在实际工作中，有时讲了一大堆客套话，仍消除不了游客"敬而远之"的陌生感。而轻松幽默的话语，却能收到良好的效果。例如，一位导游员在初次与游客见面时，做自我介绍说："初次为大家服务，我感到十分荣幸，我姓马，'老马识途'的马。今天，咱们一块儿同行，有我一马当先，希望一块儿马到成功……"游客们都乐了，初次见面的拘谨感一扫而光，旅游车中的氛围一下子变得融洽起来。

（2）调节情绪。在导游过程中，导游员应把得体的幽默作为一种调节剂，有效调节游客因长途旅行形成的低落、冷淡和不安的情绪。例如，一架客机失事后的第二天，一批游客将飞往失事飞机所在地，游客都有一种恐惧、不安的情绪。候机时，大家都沉默寡言。这时，导游员微笑着对大家说："请各位放心，我是大家的'护身符'。目前，航班显示准点起飞，天气良好，这是一个好消息，预祝我们一切顺利！请允许我在此向大家透露一个信息，我做了多年导游，来来往往，还没有一次从天而降的经历。"游客们一听，会心一笑，现场沉闷的气氛得到有效缓解。可见，此时此境，幽默而机智的宽慰，比生硬、笨拙的劝说更有效，无形中给游客增添了精神力量。

（3）摆脱困境。在导游过程中，导游员难免会遇到一些使人局促、尴尬的窘境。如果随机应变，恰到好处地运用幽默"四两拨千斤"，则会巧妙地摆脱窘境。例如，一个旅游团队结束行程即将返程，在机场，游客热情地邀请地陪致欢送辞。地陪小王表示只讲两句，可一下子却讲了好几分钟。一位游客半开玩笑地说："小王，你说只讲两句，怎么讲了这么多？"一时，大家都颇为尴尬。小王灵机一动，他笑着说："开头一句，结尾一句，中间忽略不计，一共不是两句吗？"幽默、机智的"滑头"话，把自己从困境中解脱出来，游客们也都宽容地笑了。

（4）寓教于乐。心理学认为："绝大多数幽默是娱乐性与严肃性的结合。"在讲解中，导游员巧妙地运用幽默语言，能有效起到寓教于乐的作用。例如，一位导游员在游览长城前提醒游客相关注意事项时说："长城地势险要，易守难攻，各位要注意防止滑倒、摔倒。同时，也请大家不要在城墙上奔跑、跳跃，因为长城蜿蜒起伏，有它的倔脾气。另外，大家也不要头也不回一股脑地往前走，一直走下去可就是丝绸之路了。有人走了两年才走到头，特别辛苦。"游客听了都哈哈大笑起来。如果这位导游板着脸地宣布：第一要如何，第二是如何，游客也许会置若罔闻。幽默则使游客乐于听，也易于接受。总之，幽默在某种程度上来讲是一种力量。当幽默运用恰当时，它能给人以知识、信心和启发，使人乐观向上。

3. 导游幽默语五忌

（1）忌取笑他人。人性中有一种弱点，即不愿意被人当作取笑的对象，尤其是有心理和生理缺陷的游客在这方面会特别敏感。所以，在实际工作中，导游员切忌取笑他人。某些情况下，导游员最可靠无误的幽默是将目标对准自己。自嘲并不是伤害自己的尊严，因为幽默本就是一种有价值的思维品质，它表现为机智处理突发问题的应变能力。

例如，一位导游员给游客讲"八仙过海"的故事，为了活跃气氛，当他讲到长相丑但道行高的铁拐李时说："据说铁拐李是青岛崂山人，我与他是同乡，大家仔细看看我与铁拐李是不是有些神似，相貌出众，底蕴丰富。"此时游客都大笑起来，但这些笑并没有降低导游员的人格，而是增添了导游员的人情味。

（2）忌不合时宜。有道是"出门观天色，进门看脸色"，幽默也要注意时宜。比如在游客心情不好，极度悲伤或情绪急躁时，不带任何同情心的幽默或笑话，只能给人以幸灾乐祸的感觉。这就要求导游员应该根据具体对象来运用幽默语言。冷幽默，有的游客可能会不知所云；低级的幽默又会引起游客的反感。

（3）忌自己先笑。有的导游员讲笑话或运用幽默时，一边讲一边自己笑，还没有把话讲完，幽默感就已完全消失了，自然难以引起游客的兴趣。因此，在运用幽默时，自己一定要先"稳住"。

（4）忌低俗幽默。正常的幽默应该是格调高雅、言行文明、态度乐观、精神健康的。低级趣味的低俗幽默和玩世不恭的态度，轻慢人生、挖苦他人的"黑色幽默"都是不恰当的幽默，是幽默导游语言不可取的。因此，这就要求导游员加强思想道德修养，杜绝低俗幽默，以良好的精神风貌面对游客，用健康的幽默语言塑造良好的职业形象。

导游语言无论幽默与否，都必须注意内容品位。如果导游员为了追求幽默而不设底线，就会丧失游客对导游员的认同和信任。

（5）忌违反民俗禁忌。优秀的导游员在讲解时应有丰富的内容，能灵活运用各种幽默并旁征博引、融会贯通。这样的导游词才能吸引游客的注意力，满足他们的求知欲，这样的导游员也会受到游客的尊重。如今，很多游客都对陌生的少数民族地区充满了好奇和向往，但他们往往对少数民族的礼俗禁忌知之甚少。一个民族的礼俗禁忌代表着其民族宗教文化和文明习惯。如果在少数民族地区的导游讲解过程中，能巧妙地加上一点民俗幽默，则更会受到游客的欢迎。同时，也能够使游客在民族地区的旅途避免麻烦，减少误会，让旅途更顺利。但是，在导游幽默语言的运用过程中，要千万注意民俗禁忌，尤其是导游词的内容必须准确无误，令人信服，切忌张冠李戴，把不同民族的民俗禁忌互相混淆，导致严重后果。

任务拓展

1. 把握语言的魅力——导游口语表达练习

（1）活动形式。以小组为单位，选择当地富有代表性的自然或人文旅游资源，开展模拟讲解练习。

（2）评价要素

评分项目	金牌导游组	银牌导游组	铜牌导游组
语调	语调富于变化，讲解生动活泼	语调有变化，讲解略显单调	语调无变化，讲解沉闷
音量	音量适度，符合讲解环境及对象要求	音量基本符合讲解的环境、对象要求	音量不符合讲解环境，音量过大或音量过小
语速	语速适中，有快有慢，富于变化	语速略有变化	语速平均
停顿	停顿自然，语义表达准确	有停顿，个别语义表达不准	无停顿，填鸭式讲解
幽默	讲解幽默风趣，并能用机智幽默的语言回答游客的问题	讲解有一定生动性	讲解内容单调，不能吸引游客，对游客提出的问题机械回答
总体印象	对导游语言能有效调控，有效发挥导游语言的感染力	对导游语言能有效运用，在发挥导游语言的表现力和感染力上略显不足	不能有效运用导游语言，语言空洞，缺乏表现力
小组得分			

2. 以小组为单位，收集幽默有趣的导游词素材，制作成小报或PPT，在全班进行分享。

3. 以小组为单位，在班级开展一次"我是一名导游员"职业规划主题演讲比赛。

任务二　详略得当——途中导游讲解

途中导游是导游服务技能中非常重要的一环，是对导游员知识面、应变能力、语言能力、观察能力、沟通能力、协调能力等职业素养的综合考验。

途中导游一般包含市容导游、线路导游、途中互动三个环节。实施过程中，导游员需要对城市概况、沿途景观、途经地区、沿途风物、民俗风情、随机视点等节点进行灵活地讲解，并做到步移景异，随车窗外景致的不同及时切换讲解内容。同时，在长途行车中，导游员还要及时调动游客的情绪，激发游客的游兴，综合运用多种互动方式，努力做到欢声笑语一路伴，轻松幽默一路行。旅途中，导游员也要注意游客的各种状态，为游客提供各种服务和关照，让游客在行程中感受到舒适、舒心。

任务描述

由于带团实践经验不足，小马在途中导游环节倍感吃力。她这次接待的是一个散客团，游客分别来自四个地区，年龄不一，爱好不同。途中，她事先准备的导游词寥寥数语就讲完了。再加上紧张，小马一时不知怎样开口，旅游车内陷入了尴尬的沉寂。车窗外的景色也异常单调，路上只有路牌提示着小马，

途中讲解

行程已过了一半。这时，司机老王灵机一动，他巧妙地提醒小马道："小马，现在我们已经驶入茂县了，这儿是一个典型的羌族聚居区。"小马恍然大悟，及时调整思路，开始为游客介绍羌族的历史沿革和道路两边的民族建筑。随着讲解的展开，游客的问题开始多了起来，车厢内的气氛顿时活跃了许多。抵达饭店后，小马对沿途讲解中出现的问题进行了总结：

（1）应更多地掌握沿途讲解的知识专题，如民族民俗、地形地貌、地域文化等；

（2）应学会和游客互动，掌握更多的互动技巧；

（3）收集沿途各地特色菜肴、风味特产介绍；

（4）应学会和游客交谈，善于激发游客的兴致；

（5）应对沿途所经地区的情况更加熟悉；

（6）学会克服紧张情绪，综合运用各种沟通技巧。

任务分析

对于缺乏带团经验的新导游员来说，途中导游是一个富于挑战性的环节。精彩的途中导游既能激发游客的兴趣，又能让游客对线路概况有系统的了解，对目的地有更深入的认识。导游员必须为此做充分的准备，储备大量的讲解内容，而不仅仅是几篇枯燥的途中解说词。同时，注意强化应变、协调能力和有效沟通技巧。只有这样，导游员才能在沿途讲解环节中施展拳脚，为导游景区游览和团队领导者形象的打造奠定良好基础。

任务实施

一、途中导游的特点

途中讲解多在旅游车上实施，根据行车线路的远近，讲解的内容含量各有不同。以四川九寨沟、黄龙世界自然遗产汽车团（四日游）为例，由成都出发，前往九寨沟、黄龙景区全程来回路程近1 100千米，全程正常行车时间超过20个小时。因此，途中讲解的内容十分庞杂，涉及成都市区、郫都区、都江堰、阿坝州、映秀、汶川、茂县、松潘、川主寺等市、县、镇的概况讲解；包含都江堰、紫坪铺水库、地震遗址、叠溪海子、松潘古城墙、元宝山、岷江源等景区概况；包括岷江、岷山、龙门山、白龙江、弓杠岭等沿途山水讲解；还囊括了羌族、藏族、回族的民风民俗讲解。如此庞杂的内容体系需要导游员做好扎实的知识储备，并对沿途概况和讲解节点进行深入了解。行程中，导游员要以灵活多变的讲解技巧将上述内容呈现出来，和游客眼前所见所感形成综合的途中旅游体验。

（一）移动性

途中讲解最明显的特征是移动性和随机性。随着旅游车的前进，车窗外的景色随时发生着变化。这需要导游员对整个线路的沿途情况非常熟悉，并将沿途各个点的讲解串成一条线。随着路距的远近逐点展开，前后呼应。

（二）灵活性

途中讲解的灵活性体现在沿途所见景观的体量庞杂，游客随时可能提出不同的问题。有的问题会是导游员经常碰到的，如海拔、地貌、民俗、路况、市容等方面的问题；有的则会是非常个性化的问题，如路边随机见到的人、植物、农作物、建筑物和客源地旅游资源的对比等，这些问题需要导游员有熟练的应对技巧，灵活讲解，举一反三。

济南—泰山沿途

各位朋友：

大家好！今天我们要游览的是"山水圣人线"上的另外一个景点——泰山。

济南、泰安、曲阜这三个城市在一条线上，泰安位于济南和曲阜两个城市中间。从济南到泰安大约需要 1 个小时的车程。

在出发之前，我们做做早操，请伸出双手，搓搓手，摸摸耳垂，揉揉脖子，揉揉腰。好了，大家再看一下自己的随身物品都带齐了吗？

刚才有游客问，我左手边这处建筑看上去很雄伟，是什么地方？它的名字叫解放阁。相信大家一听到这个名字，就能大概猜到解放阁的来历。解放阁是解放济南的见证，对老济南人来说，有着特殊的情结。

1948 年 9 月 24 日，经过八天八夜的浴血奋战，济南战役取得全面胜利。这场战役使济南成为解放战争时期关内解放最早的城市。这场战役的突破口就在解放阁。解放阁原来是济南内城墙的一角，人们虽然称为"解放阁"，但当时是有台无阁的。直到 20 世纪 80 年代，济南市政府为了缅怀革命先烈，在阁基之上修建了阁楼。每年的 9 月 24 日，很多参与济南战役的老兵会自发地来到解放济南战役革命烈士纪念碑前，缅怀逝去的老战友，和他们说说话，追忆过往岁月。

今天的解放阁已经成为市民日常生活的一部分。你看，遛弯儿的人、休闲散步的人都会在这里驻足停留。你知道吗？有些在外打工的年轻人，回来后也会登上解放阁，登高远望。新济南从这里开始，解放阁也成为济南人的精神之园。

讲解要诀

本篇途中讲解词讲究灵活性和随机性。景物取舍恰当，选择了解放阁这一主要景点展开讲解，既让游客有亲切感，同时引发游客的人与城市、人与历史的思考，让人印象深刻。

（三）综合性

途中讲解覆盖了旅途中的食、住、行、游、购、娱多个环节，从天文到地理，从自然到人文，无不要求导游员能一一道来。因此，途中讲解的好坏是导游员对旅游线路整体情况掌握程度的一个有效检验。尤其是沿途所经城市的讲解，更需要导游员有综合的知识储备。

二、途中导游的实施

（一）市容导游

市容导游是导游员带领游客进行市容游览时所做的一种讲解工作。它是整个导游讲解服务中的一项别有特色的工作。它与风景导游有一定的区别。市容游览的内容丰富多彩，讲解内容归属多个专题，具有综合性特点。

市容导游的主要内容包括行政区划、市政建设成就、标志性建筑、历史沿革、产业特点、旅游资源、民风民俗、风物特产、交通条件、城市特点等。

市容导游应注意画龙点睛、简明扼要、突出重点，与车窗外的实景相结合并进行拓展，还要注意观察游客的反应情况，忌枯燥乏味的填鸭式讲解。

模拟讲解

锦绣蓉城

女士们、先生们：

欢迎各位莅临成都。现在旅游车已经行驶到成都市区的中心干道人民南路上。

请各位向车窗两侧看去，这里就是四川省省会、中国历史文化名城、中国优秀旅游城市——成都。它是一座融古代文明与现代文明于一体的大城市。它是国宝大熊猫的故乡，也是天府之国的中心和"窗口"。它以历史悠久、文化底蕴厚重、风光绚丽多姿和名胜古迹众多而闻名于世。"锦城""蓉城"是成都的别名；芙蓉、银杏分别是成都的市花和市树。

大家打开电子导览图就可以看到，成都市位于川西北高原山地和川中丘陵之间，西部地势较高，中部和东南部是广阔的成都平原，平均海拔 500 米左右。境内兼有山景、平原和丘陵之美，且气候温和，雨水充沛，年平均气温在 16℃上下，素有"冬无寒冬，夏无酷暑"之誉，加上土地肥沃，水利先进，物产十分富饶，历来被称为"水旱从人，不知饥馑"的"天府明珠"。

成都市的总面积为 1.43 万平方千米，总人口超过 1 600 万人，辖区为 12 区 5 市（县级市）3 县。

成都早在一万年前就已成为蜀地先民活动的中心和舞台。大约 2 500 年前，古蜀国开明王朝把国都从樊乡（今彭州市、新都区交界处）迁到此处，取周太王迁岐"一年成邑，三年成都"这一典故，定名"成都"。这时的成都已经成为一个初具规模的城市。公元前 316 年，秦国把四川纳入版图，成都是蜀郡的首府。自此以后，成都一直是四川地区政治、经济、文化的中心，历代皆为郡、州、省一级行政区的治所和军事重镇。期间，曾先后有 7 个割据政权的都城设在成都。

成都是蜀汉文化发祥地之一，也是四川文化教育的中心城市，拥有辉煌的历史文明。

成都有着悠久而灿烂的工商发展历史，特别是织锦业发达，名冠中华，远销国内外。西汉时期，成都因经济繁荣成为当时中国的"五都"之一，织锦业已成为汉朝的重要国库收入来源。成都是蜀锦织造中心，朝廷在此设置了"锦官城"，派"锦官"进行管理，这也是成都又称为"锦城"，绕城而过的府南河又称为"锦江"的原因。

成都也是历史上著名的工艺之乡。蜀绣、蜀锦名满天下，列入中华四大名绣、四大名锦之列；成都的漆器以制作精美、工艺独特而历代传世，近代汉墓出土的文物中许多成都漆器可以做证；唐代成都出产的"雷琴"，载誉全国，被声乐界视为珍宝；成都的印刷业在宋代是全国三大印刷业基地之一，有"宋时蜀刻甲天下"的赞誉，伦敦博物馆所藏敦煌文书中有五代时期成都的木刻"历书"，为世界最早的木刻历书印本；成都的造纸业也很有名，唐代成都造的"益州麻纸"是官方规定的诏书、册令用纸。成都的金银丝制品、竹编、草编也都有数百年、上千年的历史。

朋友们，近几年，成都旅游业得到了长足的发展。特别值得一提的是西部大开发，使成都旅游业的发展前景更加广阔。成都将以更丰富的旅游产品，更良好的旅游环境，更优质的旅游服务，迎接各地朋友的到来，我相信，大家本次成都之旅一定能不虚此行。

讲解要诀

成都是西南地区的旅游中心城市之一。这里有立体而丰富的旅游资源。在对成都的介绍中，导游员从成都的城市名片入手，对成都的地理位置和辖区做了简介。然后，导游员巧妙地利用了车窗外的所见和电子导览图，从历史沿革、文化溯源、工商发展、手工技艺四个方面切入，对成都进行了突出重点的介绍。同时，在解说中引经据典，详细列举，使人信服。

（二）线路导游

线路导游是导游员带领游客行进在前往景区途中所做的一种讲解工作。它将旅游线路沿途的城市、山水、民俗、景观一线串珠，融为一体。通过线路导游，可以让游客对整个旅游线路的概况有系统的了解，对沿途经过的城市有初步认识。

线路导游的讲解要点主要包括旅游线概况、路距、时间距、途经城镇、途经景点、沿途风貌、民风民俗、风物特产、建筑等。

线路导游讲究步移景异，灵活机动，通过导游员的讲解将沿途风貌一一串联。

成都—九寨沟沿途

大家好！今天我们的目的地是人间仙境——九寨沟，途中要经过郫都区、都江堰、汶川、茂县、松潘，全程约 450 千米，大约需要 10 个小时的车程……在经过近 3 个小时的行驶之后，现在我们已经进入了阿坝藏族羌族自治州的茂县地区了。刚刚有游客朋友问我，在咱们车窗外的山坡上那些形状奇特的石房子是什么。现在我来告诉大家，那些是羌族同胞的村寨。下面，让我来为大家介绍一下羌族。"羌"是中华民族最古老的民族之一，是炎帝的后人。早在 3 000 多年前殷墟的甲骨文中，就有关于羌人的记载了，羌族族群和他们精妙的建筑也被称为世界上保存最完整的"活化石"。我们刚刚看到的那些建筑就是羌人的羌碉，俗称"碉楼"，在《后汉书》中被称为"邛笼"。这些碉楼形状有四方形、六角形、八角形多种，楼高 20 ~ 30 米不等，碉楼楼层最多可达 14 层，多数采用石片加黏性黄泥砌成。大家可以看到车窗外的碉楼棱角锐利笔直，结构匀称，墙面平整光滑，坚固耐用，数百年也不会倒塌。这些碉楼主要用作军事防御，一般建在路口或山势险要之处，易守难攻。

现在，大家请看窗外，那些穿着麻布长衫、外面罩着羊皮褂子、头上包着头帕的人就是咱们的羌族朋友了，他们身上所穿的就是传统的羌族服饰。传统羌服为对襟扣，头帕颜色是白色。白色是羌族的吉祥色。羌族在节庆时还喜欢穿"云云鞋"，这是一种绣花鞋，鞋尖微翘，形如小船，鞋面有彩色图案。关于这"云云鞋"，还有一个当地的传说。说是有一位仙女喜欢上了一个勤劳勇敢的羌族小伙。仙女看见小伙子每天在山坡上放羊很危险，于是就从天上摘下了两片云彩分别绣在小伙子的鞋上，这样即使小伙子不小心摔倒也能保护他不受伤。咱们团的男士朋友非常多，如果您到了咱们羌寨，有哪位羌族姑娘送给您一双"云云鞋"，那就说明啊，这位羌族姑娘仰慕您，按当地的风俗，您可不能拒绝哦！

不知不觉，马上就要到午餐时间了。说到吃，就不得不说说羌族的美食了。羌族的主食是玉米。他们的特色食品是"猪膘"和"咂酒"。"猪膘"类似腊肉，是将猪肉风干而成，瘦肉红润，肥肉透明晶亮，喷香可口。"咂酒"是用青稞、小麦、大麦等粮食酿造而成的，喝时注入开水，插上竹管轮流喝，味美香醇，是羌族迎宾待客、节日庆典活动中必备的饮料。

羌族碉楼

好了，游客朋友们，我们将在前面的羌寨享用午餐，现在请大家稍做休整，带好随身物品，随我下车，一同去品尝一下地道的羌族美食吧！

讲解要诀

四川成都—九寨沟旅游线是沿途风貌非常丰富的代表线路。这篇途中讲解词从车窗外非常醒目的羌族碉楼入手，以羌族标志性的建筑为切入点，对羌族的概况进行了讲解。同时，又灵活讲解了车外羌族同胞的传统服饰，并以一个传说作为穿插，让游客对这个中国古老的民族有了初步的印象。

（三）团队互动

长途旅行中，尤其是汽车团，游客长时间待在车内空间里，肯定会觉得疲惫和沉闷。途中也不可能全程、全时段讲解，导游员自身也需要适当的休息和养精蓄锐，保障景区游览中的良好服务状态。所以，在途中，导游员应学会各种互动方法，让游客参与其中，活跃气氛。同时，通过游客的参与让导游员得到间歇休息。但途中互动应注意以不干扰旅游车司机的驾驶安全为前提。

1. 绕口令

绕口令是我国一种传统的语言游戏，又称"急口令""吃口令""拗口令"。由于它是将若干双声、叠词词汇或发音相同、相近的语、词有意集中在一起，组成简单、有趣的语韵，要求快速念出，所以读起来使人感到节奏感强，妙趣横生。途中调动游客进行难易适度的绕口令游戏是有效的互动方式之一。对有失误的游客，不是惩罚，而是"奖励"其进行个人才艺展示。

有趣的绕口令

——补破皮褥子不如不补破皮褥子（《补皮褥子》）。

——吃葡萄不吐葡萄皮儿，不吃葡萄倒吐葡萄皮儿（《葡萄皮儿》）。

——八百标兵奔北坡，北坡炮兵并排跑，炮兵怕把标兵碰，标兵怕碰炮兵炮（《八百标兵》）。

——会炖我的炖冻豆腐，来炖我的炖冻豆腐，不会炖我的炖冻豆腐，就别炖我的炖冻豆腐。要是混充会炖我的炖冻豆腐，炖坏了我的炖冻豆腐，那就吃不成我的炖冻豆腐（《炖冻豆腐》）。

项目二 讲解技能训练

——六十六岁刘老六，修了六十六座走马楼，楼上摆了六十六瓶苏合油，门前栽了六十六棵垂杨柳，柳上拴了六十六个大马猴。忽然一阵狂风起，吹倒了六十六座走马楼，打翻了六十六瓶苏合油，压倒了六十六棵垂杨柳，吓跑了六十六个大马猴，气死了六十六岁刘老六（《六十六岁刘老六》）。

——大兔子，大肚子，大肚子的大兔子，要咬大兔子的大肚子（《大兔子和大肚子》）。

——门口有四辆四轮大马车，你爱拉哪两辆来拉哪两辆（《四辆四轮大马车》）。

——华华有两朵黄花，红红有两朵红花。华华要红花，红红要黄花。华华送给红红一朵黄花，红红送给华华一朵红花（《华华和红红》）。

——七巷一个漆匠，西巷一个锡匠，七巷漆匠偷了西巷锡匠的锡，西巷锡匠偷了七巷漆匠的漆（《漆匠和锡匠》）。

——哥挎瓜筐过宽沟，快过宽沟看怪狗。光看怪狗瓜筐扣，瓜滚筐空哥怪狗（《哥挎瓜筐过宽沟》）。

——隔着窗户撕字纸，一次撕下横字纸，一次撕下竖字纸，是字纸撕字纸，不是字纸，不要胡乱撕一地纸（《撕字纸》）。

——三山撑四水，四水绕三山，三山四水春常在，四水三山四时春（《三山撑四水》）。

——司机买雌鸡，仔细看雌鸡，四只小雌鸡，叽叽好欢喜，司机笑嘻嘻（《司机买雌鸡》）。

——大车拉小车，小车拉小石头，石头掉下来，砸了小脚趾头（《大车拉小车》）。

2. 小魔术

魔术是以随机应变为核心的一种表演艺术，是制造魔幻的艺术。它是依据科学的原理，运用特制的道具，巧妙综合视觉传达、心理学、化学、数学、光学及形体学、表演学等不同学科领域的高智慧的表演艺术。导游员可以通过小魔术展示，抓住游客好奇、求知心理的特点，制造出让游客费解的假象，从而达到以假乱真的艺术效果。

（1）从历史角度分。中国魔术可以分为中国古代魔术和现代魔术。经常在一些表演当中看到某人擅长"古典戏法"，即属于中国古代魔术中的一种。

（2）按原理与技术分。

手法类——以手法技术为主，必须勤练才能表演；

器械类——以巧妙设计的机关、器械、道具来进行表演；

心理类——根据心理学的原理来进行魔术表演；

科技类——以化学、物理等自然科学知识作为依据来进行表演。

任务二　详略得当——途中导游讲解

以上有的类型魔术简单易学，熟能生巧后，导游员在旅游车内狭窄的空间中施展出来，往往有出人意料的效果。

（3）按道具与规模分。大型魔术、中型魔术、小型魔术。

（4）按照演出场地分。舞台魔术、宴会魔术、街头魔术（也称为近景魔术）。

（5）按照魔术的专题分。某些魔术师擅长某种道具的一系列魔术，常把利用同一道具的魔术组合在一起演出，形成一个专题。专题魔术包括硬币魔术、扑克魔术、逃脱魔术、丝巾魔术、绳索魔术、海绵球魔术等。

3. 民歌学唱

民歌原本指每个民族的传统歌曲，每个民族都有他们自古传承至今的歌曲。这些民歌绝大部分都作者不详，而是以口头传播方式，一传十、十传百，代代相传。

我国各民族的民间歌谣蕴藏极其丰富，从《诗经》里的《国风》到中华人民共和国成立后收集出版的各种民歌选集，数量浩如烟海。至于目前仍流传于民间的传统歌谣和新民歌，更是数量庞大。这些民歌形式多样，汉族除了民谣、儿歌、山歌和各种劳动号子之外，还有"信天游""扑山歌""四季歌""五更调"，至于藏族的"鲁""协"、壮族的"欢"、白族的"白曲"、回族的"花儿"、苗族的"飞歌"、侗族的"大歌"、蒙古族的"长调"、维吾尔族的"木卡姆"等，都各具独特的形式，极富感染力。

导游员应学会几首当地代表性的民歌，尤其是与旅游线路沿途分布民族相关的民歌。在途中互动时，首先通过民歌演唱调动游客的情绪和好奇心，再逐句教会游客，一种和谐欢乐的氛围自然形成。

途中互动的常见形式还包括学说方言、成语接龙、互动游戏、猜谜游戏等。

任务拓展

1. 以小组为单位，在班级开展一次"当地典型旅游线路途中讲解"模拟演练。

2. 开展一次"导游才艺秀"主题班会。

3. 以小组为单位，乘坐公交车，进行一次市容导游讲解演练。

任务三　清灵毓秀——讲解自然景观

　　自然景观是由各种自然要素组成并相互作用而形成的自然风景。这种风景具有美学和科学价值，具有旅游吸引功能和游览观赏价值，如千姿百态的地貌、波涛万顷的海洋、晶莹激滟的湖泉、银光闪闪的河川、光怪陆离的洞穴、活泼近人的动物、幽雅静谧的森林和温暖宜人的气候等。

　　这些山、水、气、光、动物、植物等自然要素的巧妙结合，构成了千变万化的景象和环境。游客通过视觉、听觉、嗅觉、触觉、联想等，产生美感并获得物质与精神上的享受。

　　自然景观有其自身的特点，概括起来主要有天赋性、地域性、科学性、美感属性和综合美。自然景观大致可以分为四种类型，即山岳景观、水体景观、生物景观、气象和气候景观等。

任务描述

　　小马今天接待了一个旅游团，他们选择的旅游产品是"华东五市 + 黄山、千岛湖双飞八日游"。这是一条经典的旅游线路，既可以游山，又可以玩水，还可以感受山水间的鸟语花香，但对小马而言却是一次挑战。为了丰富自己的知识与阅历，提高整个团队的接待质量，并且很好地配合全陪工作，让游客获得高品质的旅游体验，小马为自己制订了细致的工作计划，以便更好地开展导游服务：

　　（1）明确自然景观的概念、类型与特性，向游客提供基础性讲解；

　　（2）分析山岳景观、水体景观、动植物景观、气象景观、气候景观之间不同的美感，选择合适的导游讲解方法；

　　（3）掌握讲解自然景观的技巧，并合理、灵活地运用；

　　（4）收集沿途景点的相关资料并拍摄照片，制作电子相册；

　　（5）写好导游工作小结。

任务分析

　　导游讲解是导游员的基本功之一，也是导游工作的重点。精彩的导游讲解，可以使文物古迹新鲜呈现，使万里河山灵动起来，使传统工艺栩栩如生。

　　"工欲善其事，必先利其器"，要成为优秀的导游员，不仅要有扎实的语言功底，更要灵活运用各种不同的讲解技巧。

任务实施

一、山岳景观导游

（一）山岳景观基础知识

山岳景观指以自然山体为主构成的景观。通常具有雄、秀、奇、险、幽、奥、色等美学特征。神州大地上，众多的山脉峥嵘矗立，或低沉，或高昂，或磅礴，或俏丽，展现了我国山体北雄南秀的特点。除自然美之外，山岳景观往往还含有丰富的文化遗存，构成自然和人文的巧妙结合。传统文化深沉积淀的五岳，晨钟暮鼓萦绕的佛教、道教名山，景色奇异的风景名山，冰雪覆盖的西部高山，群山交映，各领风骚，组成了一幅此起彼伏的壮美图画。

按照山的高度，我国习惯将山岳分成四种类型，即极高山、高山、中山和低山。其中海拔高度在 5 000 米以上的被称为极高山；海拔在 3 500 ~ 5 000 米的被称为高山；海拔在 1 500 ~ 3 000 米的被称为中山；海拔在 500 ~ 1 000 米的被称为低山。

从地质角度可以把山岳景观分为花岗岩地貌、丹霞地貌、岩溶地貌、火山地貌、砂岩地貌、冰川地貌六种类型。

1. 花岗岩地貌

花岗岩是地幔上部的酸性岩浆侵入到地壳内部的破裂层，经冷却凝结后而形成的岩石。花岗岩形成后，受地壳上升运动影响，经抬升可形成高大挺拔的山体，其主峰突出，山岩陡峭险峻，气势宏伟，岩石裸露，沿节理断裂有强烈的风化侵蚀和流水切割，多奇峰、深壑、怪石，球状风化作用突出可形成"石蛋"（最典型的是"风动石"）。中国花岗岩地貌山地分布广泛，如黄山、华山、泰山等。

2. 丹霞地貌

丹霞地貌为第三纪陆相红色沙砾岩在内外引力作用下发育而成的方山、奇峰、溶洞等特殊地貌。这种地貌最早发现于广东仁化丹霞山，故而称为丹霞地貌。沙砾岩结晶大，易风化，但若局部成分有变化，则抗风化力较强，即容易形成中尺度的造型。武夷山、齐云山等景区都属于此种地貌。

3. 岩溶地貌

岩溶地貌又称为喀斯特地貌，是以碳酸岩类岩石（主要是石灰岩）为主的可溶性岩石在以水为主的内外力作用下形成的地貌。地面形成熔岩孤峰、石林、石牙、漏斗等，地下则为地下河与溶洞，是观赏价值极高的地貌形态。桂林阳朔及云南石林是典型代表。

项目二　讲解技能训练

4. 火山地貌

火山地貌是火山爆发后残留物质所形成的一种地貌景观。由酸性喷出岩所形成，带有流纹结构的被称为流纹岩地貌，其中以雁荡山最为有名。而由基层喷出岩通过裂隙或中心喷发而形成的则叫玄武岩地貌，如黑龙江五大连池。

5. 砂岩地貌

就山体而言，主要是砂岩峰林峡谷地貌。这种地貌发育在纯石英砂岩构成的山区，其形成的古地理环境是滨海海滩沉积后，经过挤压胶结而成砂岩，因受地壳上升运动而成陆地，又经过剧烈的地壳上升运动而进一步抬升成丘陵山地。后经过长期冲刷切割，高山不断风化、侵蚀，岩层逐渐崩解剥落，河谷慢慢深切，河流又将被风化而成的泥沙运往遥远的大海，于是便形成一大片石英砂岩峰林和一条条纵横深切的幽谷，故称砂岩峰林峡谷地貌，典型代表为湖南武陵源。

6. 冰川地貌

冰川地貌主要由冰川的侵蚀和堆积作用形成。前者有冰斗、角峰、刃背、冰川槽谷等冰蚀地貌形态；后者有冰碛丘陵、鼓丘、冰砾扇等冰积地貌形态。此外，冰体融化所形成的冰桌、冰桥、冰兽、冰蘑菇也有较大的观赏价值。冰川地貌的代表为四川贡嘎山、甘肃祁连山等。

（二）山岳景观的美学价值

山岳景观最显著的特征是形象美，异彩纷呈，千姿百态。正是这各种各样的形象吸引着游客，使他们获得美的享受。而山岳景观形象美的特征也是极其丰富的，我们可以从"雄、秀、奇、险、幽、奥、色"七个方面进行归纳和讲解。

1. 雄

雄是一种壮观、壮美、崇高的形象，在自然风景中是广泛存在的。我国很多名山高峻壮观，显示出一种雄伟、崇高的形象。泰山为五岳之首，素来以雄伟著称，被誉为"泰山天下雄"。泰山位于辽阔的齐鲁腹地，以磅礴之势凌驾于山东的丘陵之上，所以显得特别高大雄伟。汉武帝游泰山时赞曰："高美、极美、大美、特美、壮美。"杜甫《望岳》诗中有"会当凌绝顶，一览众山小"的名句。泰山雄伟的形象在五岳中首屈一指。泰山之美正是由于它的"宏大""雄伟"的形象而显示出来。这些雄伟、壮观的形象能够引起人们赞叹、震惊、崇敬、愉悦的审美感受。

2. 秀

秀是自然风景中最常见的一种审美形态。秀的主要特征是柔和、秀丽、优美。四川峨眉山是我国佛教四大名山之一，是著名的旅游胜地。峨眉山山林葱茏，色彩碧翠，山石很少裸露，线条柔和流畅，山明水秀，是我国风景区中典型的秀美形象，自古以来被誉为"峨眉天下秀"。风景中秀美的形象给人以甜美、安逸、舒适的审美享受。游览观赏这样的风景，总是令人感到幸福愉快，使人的性情得到陶冶，情绪得到安慰。

3. 奇

有的山体，由于本身独具一格而产生奇特的美感形象。在我国山地中奇特的形象首推黄山。黄山有"四绝"：怪石、奇松、云海、温泉。黄山怪石星罗棋布，竞相崛起；奇松千姿百态，苍郁挺拔；烟云似锦如缎，飘荡千山万壑，变幻无穷；加之终年喷涌的温泉，令人拍手称奇！故黄山自古被称为"中国第一奇山"。雁荡山水之奇也是尽人皆知，因构成山水的流纹岩断裂发育经风化而形成了奇特地貌，康有为于1924年游雁荡山后称："雁荡山水雄伟奇特，甲于全球。"

4. 险

险是自然风景中的一种形象特征，对游客极富吸引力。游客都有一种好奇心，越是险的地方越想攀登，越是奇的风景越想观赏。华山素有"华山天下险"之称，常言说"自古华山一条道"，就是指华山的险峻。鸟瞰华山，犹如天柱拔起，在秦岭山前诸峰之中，四壁陡起，几乎与地面垂直。游客需手扶铁索，手脚并用，可谓真正的"爬"山。庐山的仙人洞、黄山的天都峰、九华山的天台、峨眉山的万佛顶都是我国极其险峻的山峰。

5. 幽

幽是一种美，是一种意境，也是一种审美特征。幽具有极其广泛的内涵，幽也是通过具体的形象展现出来的。青城山的风景可以说是我国山地景观中"幽静"美的代表。青城山之美的最大特点就体现在一个"幽"字上，素有"青城天下幽"的美誉。纵观青城，就像是天然陶土打造的一个大青瓷瓶，幽雅古朴。当游客沿山间小路上山，两侧苍松翠竹，碧绿成荫，溪泉清澈见底，潺潺入耳，偶尔传来几声鸟鸣声，便觉"鸟鸣山更幽"，真有一种幽深莫测的神秘感。这种幽深的意境美，使游客感到无限的安逸、舒适、悠闲自得。

6. 奥

奥是奥妙的意思，一般指风景秀丽、文化灿烂两个方面。嵩山古老神奇，世称"嵩山天下奥"，它荟五岳之精华，纳三山之灵气，博大精深，奥妙无穷。正如清乾隆皇帝游嵩山曾作《会善寺》一诗云："自古山川秀，太少无穷奥。"《诗经·大雅篇》赞美嵩山："嵩山惟岳，峻极于天。"宋代范仲淹曾发出"不来峻极游，何以小天下"的感慨。嵩山的主要山脉是太室山和少室山。太室山风景秀丽壮观，历史文化灿烂，著名的景观有卢崖飞瀑、松涛鹤翔、嵩门待月、仙人采药、天灵乘轿、嵩阳洞天、启母石、逍遥谷等。景区内寺庙遍布，古塔争萃，碑刻林立，有我国最古老的佛教砖塔——北魏嵩岳寺塔，我国最古老的佛教寺院之一——法王寺，宋代四大书院之一——嵩阳书院，我国第一座尼众寺院——永泰寺，嵩山碑王——大唐嵩阳观纪圣德感应之颂碑等。

当然很多山岳，不止一种形象美的特征，如黄山，既有奇的特征，而其天都峰又有险的特征，奇险交错，更增添了山的韵味。

7. 色

山岳景观除了形态美以外，色彩美也是一个重要方面。这些色彩主要是在四季和阴阳交替时由树木花草、烟岚云霞及日月星辰之光构成。郭熙在《林泉高致·山水训》一书中说："春山淡冶而如笑，夏山苍翠而如滴，秋山明净而如妆，冬山惨淡而如睡"。春山如翡，夏山如翠，秋山如金，冬山如银，便是自然景观的季节变化所呈现出来的色彩美。五彩缤纷的自然色彩令游客赏心悦目，带来灵感，令人振奋和神往。

除上述形象美、色彩美之外，山岳景观还与流水飞瀑、云雾湖沼和动植物等要素组合，赋予人们动态、静态的美感享受。导游员在讲解时也要正确、适时地引导游客全方位细心感受，同时还要注意引导游客发现它们的象征美。

（三）山岳景观导游技巧

1. 熟悉概况

对于每一个景区、景点而言，它的基本内容属于概况讲解。对于山岳景观而言，导游员必须熟悉其地理位置、性质、面积、特点、成因、评价及主要景区、景点等内容，以便为游客提供最基础的讲解。

2. 充实背景

由于山岳景观类型丰富，成因复杂，且有许多文人墨客都对其进行过描绘和赞美，所以导游员必须全面掌握与山岳景观相关的科学及文化知识，这既有利于提高导游员自身的文学修养与品位，又有利于游客对我国山岳文化内涵的深入领会。

3. 挖掘历史

在我国众多的名山中有许多是宗教名山、历史文化名山。这些名山在传统文化的烘托下，具有丰富的历史内涵，同时也留下了许多动人的神话典故与传说。导游员在讲解的过程中必须虚实结合、形神兼备，活化眼前的山岳景观，给游客留下综合性的印象。

4. 活用方法

不同的山，不同的游客，不同的时节，导游讲解的方法要有所不同。山岳景观的导游讲解方法多种多样，贵在灵活。导游员在讲解中，可以根据游客的游兴和精神状态适时开展讲解。在山岳景观导游中，常用到的讲解方法有以下四类。

（1）类比讲解法。将眼前山岳景观的特征和游客熟悉的其他山岳景观做类比。如峨眉山之秀和青城山之幽的类比、华山之险和勃朗峰之峻的类比。

（2）突出重点法。山岳景观景点众多，实际操作中，导游员一定要选出众多景观中的重点景点进行深入讲解，如峨眉山的万佛顶、五台山的北台。

（3）虚实结合法。山岳景观往往衍化出众多的传说和故事，在讲解中，应将传奇故事加工后和景观实景结合讲解。以传说渲染山色，以故事提升趣味。但应注意一点，传说和故事一定要短小精悍，切忌长篇大论、连续不断、张冠李戴。

（4）制造悬念法。山岳景观中总有神秘之处，这些节点往往成为导游员"借题发挥"的平台。如峨眉山佛光的形成、神农架"野人"的故事、喜马拉雅山脉雪人的传说等。

模拟讲解

泰　山

各位游客大家好，欢迎来到世界文化与自然双重遗产，国家 5A 级景区山东泰山观光游览，我是导游员小马，今天将由我为您讲解泰山。

您脚下的泰山位于山东省泰安市中部，面积 426 平方千米，主峰玉皇顶海拔 1 545 米，气势雄伟磅礴，有"五岳之首""天下第一山"之称。泰山的地质构造十分复杂，主体属花岗岩地貌。自古以来，中国人就崇拜泰山，有"泰山安，四海皆安"的说法。在汉族传统文化中，泰山一直有"五岳独尊"的美誉。泰山风景以壮丽著称。重叠的山势，厚重的形体，苍松巨石的烘托，云烟的变化，使它在雄浑中兼有明丽，静穆中透着神奇。最为有名的是"泰山四大奇观"，即泰山日出、云海玉盘、晚霞夕照、黄河金带。泰山风景旅游区包括幽区、旷区、奥区、妙区、秀区、丽区六大风景区。主要景点包括岱庙、关帝庙、一线天、南天门、莲花洞、王母池等。我先在这里简单介绍一下，明早我们将会感受泰山美景之魁首——"泰山日出"。

泰山的日出，是一个想象的世界、神奇的世界，日出景象的美妙是笔墨难以形容的。自古以来，无数诗人对泰山日出的壮丽景观都有过生动的描述。宋代词人梅圣俞的"晨登日观峰，海水黄金镕。浴出车轮光，随天行无踪"的绝句尤为人爱，淋漓尽致地描绘了泰山日出的绝妙景色。凌晨破晓前，站在日观峰，举目东方，晨星渐没，微晕稍露，天地间的一片云海滚动，少顷，一线晨曦透过云层照亮东方，这时天空由灰变黄，继而呈现橙、紫、红瑰丽的朝霞，波浪似的云层，在阳光的照耀下，组成一幅幅五彩缤纷、绮丽多姿的图案，旭日从云层升起，阳光因受云海起伏的影响忽隐忽现，闪烁不定，日轮缓升时又受云海的影响上下跳动，渐渐呈圆形，磅礴而出，金光四射，群峰尽染，大地一片光明。

泰山

自古以来就有很多关于泰山的神话传说。相传在很早以前，世界初成，天地刚分，有一个叫盘古的人生长在天地之间，天空每日升高一丈，大地每日厚一丈，盘古也每日长高一丈。如此日复一日，年复一年，他就这样顶天立地地生活着。经过了漫长的一万八千年，天极高，地极厚，盘古也长得极高，他呼吸的气化作了风，他呼吸的声音化作了雷鸣，他的眼睛一眨一眨地，闪出道道蓝光，这就是闪电，他高兴时天空就变得艳阳晴和，他忧伤时天空就变得阴雨连绵。后来盘古慢慢地衰老了，最后终于溘然长逝。刹那间巨人倒地，他的头变成了东岳，腹变成了中岳，左臂变成了南岳，右臂变成了北岳，两脚变成了西岳，眼睛变成了日、月，毛发变成了草木，汗水变成了江河。因为盘古开天辟地，造就了世界，后人尊其为人类祖先，他的头变成东岳泰山。所以，泰山就被称为至高无上的"天下第一山"，成了五岳之首。

讲解要诀

　　导游员在讲解泰山时能够灵活运用山岳景观的讲解技巧进行讲解，由浅入深，由自然存在的景观到景观背后的文化内涵。该导游员把泰山日出的特点归纳得细致入微，把泰山的传统文化渗透得恰到好处，为游客深入领会泰山的景观特色和历史底蕴打下良好的基础。

任务拓展

　　1. 编撰一份当地著名山岳景观的现场导游词，并制作配套 PPT 或短视频，进行 5 分钟模拟讲解。

评价项目	评价内容	分值	得分
PPT 或短视频（二选一）质量	PPT：设计美观、内容得当、容量适宜	15 分	
	短视频：设计合理、内容得当、有吸引力		
讲解技巧	有互动，运用三种以上的讲解方法，有现场感	40 分	
讲解内容	突出重点，脉络清晰，知识点准确，有一定内涵，有创新等	40 分	
时间掌控	有条不紊，娓娓道来，时间及节奏掌控较好	5 分	
合计		100 分	

　　2. 到当地著名的山岳景观聆听讲解员的讲解（或登录某景点语音讲解 App），拟写一份《讲解质量评价及建议书》。

二、水体景观导游

（一）水体景观基础知识

水体景观是以自然水体为主构成的景观。它有观赏、游乐、康疗、度假等旅游功能。

水体景观按其性质分为江河景观、湖泊景观、瀑布景观、泉水景观、海洋景观和冰川景观等。

水体景观具有旷、静、幽、灵、净、虚、融等审美特征。

人类先天便有亲水的习性，水令人感到愉悦、安静与舒适。水景的丰富面貌带给游客新的活力与想象力，也为各种静态的景观增添了许多"灵动"的韵味。因为人们的亲水天性，所以拥有水景的旅游空间通常也会是游客最喜欢聚集的地方。因此，水景欣赏成为游客出游的重要原因之一。

（二）水体景观主要类型

1. 江河景观

江河是一种天然的地表水流，是以一定区域的地表水、地下水或冰雪融水为补给来源，并沿着狭长的谷槽流动的水体。较小的称为溪、涧，较大的称为江、河，如桂林漓江。此外，还有人为修建的河流，如京杭大运河等。

2. 湖泊景观

湖泊是在地表相对封闭可蓄水的天然洼池集水而成，是水域风景中最能体现相对静态的形、影、光、色等审美特征的水体，是陆上水域康乐度假活动最重要的场所。湖泊按成因可分为构造湖、火山口湖、冰川湖、堰塞湖、喀斯特湖、河成湖、风成湖、海成湖和人工湖（水库）等；按湖水含盐度可分为淡水湖、咸水湖和盐湖。中国面积较大的淡水湖有江西的鄱阳湖、湖南的洞庭湖、江苏的太湖和洪泽湖以及安徽的巢湖等。

3. 瀑布景观

瀑布是从河床纵断面断裂处或悬崖倾斜而下的水流。瀑布的宽度、高度、水量、形态及所处环境共同形成了其景观特色。它是水域景观中最具动态美的水体。我国著名的瀑布景观有贵州黄果树瀑布、江西庐山三叠泉瀑布、浙江雁荡山大龙湫瀑布等。

4. 泉水景观

泉水是地下水的天然露头。根据水流状况的不同，可以分为间歇泉和常流泉；根据泉水出露于地表时方向的不同，分为下降泉和上升泉（如济南趵突泉）；按泉水的温度可分为冷泉、微温泉、温泉、热泉、高热泉和沸泉等。我国的云南、西藏、四川、广东、福建、台湾均是温泉资源较丰富的省份。

5. 海洋景观

我国海域辽阔，沿海有大小岛屿6 500多个。海岸带海域与岛屿，跨越暖温带、亚热带、热带和赤道带，冬避寒、夏避暑，海洋旅游资源丰富。常见的海洋景观有海滨景观、海岛景观、海滩景观、海岸景观和海潮景观等，其中三亚亚龙湾、大连金石滩、秦皇岛北戴河等是我国著名的海滨风景名胜区。

6. 冰川景观

冰川是极地或高山地区地表上多年存在并具有沿地面运动状态的天然冰体。冰川主要分布在地球的两极和中、低纬度的高山区，两极地区冰川几乎覆盖整个极地，称大陆冰川；中、低纬度高山区冰川称山岳冰川，我国的冰川绝大部分属于这个类型。冰川按其地理位置可分为极地冰川、亚极地冰川、温带冰川和热带冰川等，按其形成的气候条件可分为大陆性冰川和海洋性冰川等，按其旅游景观特征分为极地和亚极地冰川与温带和热带冰川。我国云南的玉龙雪山、新疆的胜利达坂冰川、四川贡嘎山的海螺沟冰川是著名的冰川观赏地。

（三）水体景观导游技巧

导游员在进行江河湖海等水体景观导游时，要能熟练把握水景造景功能的形态美、倒影美、声音美、色彩美、光象美、水味美、奇特美来加以讲解，把握其内在文化内涵。通过多种讲解方法的运用，丰富讲解内容，激发游客的联想，提高游客的审美能力。

1. 同中求异

同为水景，但因为水的类型不同，如海水、江水、河水、湖水、泉水、溪水等，带给游客的感受和体验也不同。

（1）各有其美。自古以来，人们一直觉得，海洋浩瀚无际，深邃奥妙。曹操《观沧海》"日月之行，若出其中；星汉灿烂，若出其里"的诗句，就是这种望洋兴叹的写照。碧蓝无垠的海水、洁白飞溅的浪花、汹涌澎湃的怒潮，能给游客以视野开阔、极目天涯之感，能让游客精神振奋、思潮澎湃。而流泉、溪涧、小湖，则多给游客以秀丽、幽美之感。江河大湖常介于两者之间，江河虽有"不尽长江滚滚来"的意境，但终不及海洋带给游客的视觉冲击。海岸虽然也具有秀丽幽美的景色，但终不如泉、溪、秀湖带给游客的恬淡与静谧。所有这些，都是由于水体类型不同的缘故。所以，同为水体，其类型不同，美的风格也不同。

（2）各有其境。以湖泊为例，面积大小不同，给游客的意境感受也不同。湖泊能给游客以畅达的美感，所以古人用"帆影点点，烟波浩渺"来描述太湖风光；用"落霞与孤鹜齐飞，秋水共长天一色"来赞美鄱阳湖美景。小湖泊多给游客以清秀美感，所以，苏轼用"欲把西湖比西子，淡妆浓抹总相宜"来赞美西湖，此外，人们还用"一面明镜""一颗明珠"来形容山地秀湖。

以河流为例，无论黄河、长江还是珠江等江河，虽然皆有源头和入海口，但由于受各自地貌、气候、植被、径流量等自然地理条件的影响，其各自的水文特点也不同，所以意境各一。宋代范成大的《初入巫峡》中写道："束江崖欲合，漱石水多漩；卓午三竿日，中间一罅天。"长江在这里显现的是险峻；唐朝诗人王之涣在《登鹳雀楼》中描述"白日依山尽，黄河入海流"，黄河在这里显现的是苍茫。即使同一条江河，因地段不同，景致也不同，如长江三峡中瞿塘雄、巫峡秀、西陵险，步移景异，各有其境。其他如海洋、流泉、瀑布也均无例外。

2. 突出特征

（1）海洋景观。突出伟岸、辽阔。

（2）江河景观。突出水与山一体的画卷感。

（3）湖泊景观。突出旷达与灵秀。

（4）泉水景观。突出奇特与功效。

（5）瀑布景观。突出形态与韵味。

3. 突出变迁

在江河湖海塑造的景观中，不仅要联系除水体以外的各种自然造景因素，还应从时代变迁的角度讲解其内涵。从历史和现实的状况加以分析，从而揭示其历史文化内涵，丰富水体景观的讲解内容，引导游客感受"浪淘尽千古风流人物"的历史沧桑或"飞湍瀑流争喧豗"的动静皆宜。

从时代变迁讲解江河湖海的作用，可使游客全面了解有关的人文造景因素，如政治、经济、军事、交通、文化、宗教、民俗等方面的内容，从而领悟山水相依、沧海桑田的韵味。

模拟讲解

京杭大运河

各位游客：

现在我们的身后就是京杭大运河的最南端的标志——杭州拱宸桥。

京杭大运河始建于春秋时期，是世界上历经里程最长、工程最大的古代运河，也是最古老的运河之一。它全长1 794千米，流经浙江、江苏、山东、河北、天津、北京六省市，沟通了海河、黄河、淮河、长江、钱塘江五大水系，如果说万里长城护卫着中华民族，那京杭大运河则造就了江南的"自古繁华"。

我国地势南低北高，造成了物产分布不平衡，江南土地肥沃、物产丰富，而北方矿产资源比较多，正是通过京杭大运河，将来自江西、福建、安徽、江苏、浙江等地的特产运往北方，同时将北方的矿产资源运到南方，使位于京杭大运河南端的杭州成为古代的物流中心，其重要地位一点也不输于现在的中国香港和新加坡，也难怪马可波罗来到杭州，不禁感慨："这是世界上最美丽华贵的天城！"

如果说千年流淌的运河之水是鲜活的生命元素，那跨架于大运河上的众多古桥就是运河历史遗存的标志符号。现在在杭州大运河上有 20 多座桥梁，分布的密集度从市区向郊区依次递减。大家请看，我们眼前这座古色古香，敦厚且朴实的古拱桥就是杭州古运河南起点的标志——拱宸桥。它位于大关桥之北，是杭城古桥中最

拱宸桥

高、最长的古拱桥，由明末举人祝华封倡议募资营建。"拱"是拱手相迎的意思，"宸"是帝国宫殿，高大的拱形石桥象征对帝王的欢迎和敬意。由此可知，拱宸桥就是古代迎接帝王的地方，也是杭州的北大门。古拱宸桥在左宗棠率兵攻打太平军的时候，因战事过于猛烈，濒临倒塌，而到光绪年间，桥身完全坍塌。而现在的拱宸桥由杭州的丁丙在 1885 年主持重修。2005 年，杭州市政府遵循不改变文物原状，最小干预的原则，对拱宸桥进行了修缮。拱宸桥现在长 98 米，高 16 米，桥面中段略窄，为 5.9 米宽，两端宽 12.2 米。在夜幕降临的时候，采用暖色灯光，勾勒出夜桥的韵味。

历经百年风雨，拱宸桥依然横跨于大运河之上，而在桥畔新建的大型音乐喷泉，为千古大运河尽情地吟唱。2014 年 6 月 22 日，多哈第 38 届世界遗产大会宣布，"中国大运河"项目正式申遗成功，成为我国第 46 个世界遗产项目。杭州也因此成为一座拥有双遗产的魅力之都。

（供稿：浙江新世界国际旅游有限公司杭州市金牌导游施兴琴）

讲解要诀

这是一篇有现场感、时代感、文化感的讲解词。首先对京杭大运河的概况进行介绍，然后从地理、经济角度分析了京杭大运河的作用和价值，接着介绍了横跨运河的拱宸桥的由来和历史，以此反映城市、河、桥的历史地位。最后，以"申遗成功"作为提升和结尾，既兼顾眼前景，又拓展历史、时事知识，使游客对京杭大运河有更全面、生动的了解。

任务三　清灵毓秀——讲解自然景观

任务拓展

1. 编撰一份水体景观的现场导游词，并制作配套 PPT 或短视频，进行 5 分钟模拟讲解。

评价项目	评价内容	分值	得分
PPT 或短视频（二选一）质量	PPT：设计美观、内容得当、容量适宜	15 分	
	短视频：设计合理、内容得当、有吸引力		
讲解技巧	有互动，运用三种以上的讲解方法，有现场感	40 分	
讲解内容	突出重点，脉络清晰，知识点准确，有一定内涵，有创新等	40 分	
时间掌控	有条不紊，娓娓道来，时间及节奏掌控较好	5 分	
合计		100 分	

2. 到当地著名的水体景观聆听讲解员的讲解（或登录某景点语音讲解 App），拟一份《讲解质量评价及建议书》。

三、生物景观导游

（一）生物景观基础知识

生物是地球表面有生命物体的总称，是自然界最具活力的群落，它由动物、植物和微生物组成。作为旅游资源的生物景观，主要指由动、植物及其相关生存环境所构成的各种过程与现象。

1. 特征

（1）生命性。是自然生态环境的主体，是各地自然景观富有生气的组成部分，使得环境生机勃勃。

（2）季节性。指生物随季节变化而发生的形态和空间位置变换而形成季节性旅游景观。

（3）多样性。指生物旅游资源在空间分布上的广泛性和类型广博。

（4）脆弱性。指生物及自然生态系统在抗干扰能力上较为脆弱的特点。

（5）再生性。指由于生物的繁殖功能、可驯化功能和空间异质性，由人与自然共同创造形成的生物旅游景观。

（6）观赏性。是生物的色彩、形态、发声、习性、运动等美感特性。

（7）怡情性。生物的某些特征中蕴藏着某种受人们推崇的精神，能够启迪人的心灵，陶冶人的情操，这是生物旅游资源的文化价值所在。

（8）特色性。指生物受地域分布规律控制而形成的不同地方有不同生物景观的特点。

（9）多功能性。丰富多样的动植物是观赏、休闲、康体、体验等旅游活动的重要载体。

2. 生物旅游资源的基本类型

一般情况下，按照生物旅游资源的旅游功能，将其分为六种类型：森林景观、草原景观、古树名木、奇花异卉、佳果名茶、珍奇动物。

（二）生物景观导游技巧

导游员在进行生物景观导游时，要能熟练把握生物景观的形态美、色彩美、声音美、嗅觉美、价值美、动态美、奇特美来加以讲解，把握其一定的内在文化内涵。结合问答法、类比法等多种讲解方法的运用，丰富生物背景的讲解内容，激发游客的联想，提升游客的感受。

1. 突出形态

大自然中的生物景观，千姿百态，风格迥异。银杏、水杉等乔木可以高达几十米，有些草木却只有几厘米高；巨莲的叶子上可以坐一个小孩儿，而青萍的叶片，直径不足 1 厘米。树形或是挺拔雄健，或是婀娜多姿，形状各异。白杨树像直插蓝天的宝剑，荔枝却"树形团团如帷盖"；水杉如宝塔，雪杉却又像巨伞；松柏遒劲刚直，柳树万条丝绦。如此丰富的形态，给了游客不同的审美感受。树叶和花形也是多姿多彩，看叶有单叶、复叶、全叶、裂叶之别，形状有桃形、圆形、梭形、扇形之分；看花有大、小、繁、简之分，层次有单层、多层之别。如凌霄花似一口倒挂的金钟，牵牛花像喇叭，更奇妙的是堪称"绿色国宝"的珙桐花，看上去像一只欲飞的白鸽。各种动物随着分布区域的不同，形体也各有特点。雪豹的轻盈、熊猫的笨拙、仙鹤的飘逸、大象的稳重、鹦鹉的灵巧、鹰雕的气势等无不成为吸引游客眼球的要素。因此，讲解中导游员应注意突出动植物形态的不同和区别，由此延伸到适者生存、物竞天择的生物学及生物文化背景。

2. 突出色彩

花草树木以其多样的色彩给人以愉悦的感觉。所谓姹紫嫣红，就是对植物的色彩描绘。绿色，是植物最基本、最普遍的色彩，因为叶绿素的光合作用是植物赖以生存的重要生理机制。绿色已经成为生命和青春的象征。颜色对游客的心理和生理的健康有着一定的影响，是衡量其美感价值的一个重要方面。

3. 突出香味

植物的茎、叶、花、果，不仅装饰了自然景观，有的还散发出沁人心脾的芳香，给游客以欢快的嗅觉美，从而调节情绪，益于身心。某些植物的特异芳香，不仅使游客精神振奋，还诱使游客亲自去尝试体验。无论是香远益清的荷花，浓香扑鼻的桂花，还是幽香缕缕的兰花，清香自来的梅花，它们的美与其诱人的芬芳是分不开的。有些花就是主要依靠香气吸引游客去观赏的。如桂花，它的花形很小，颜色也不是那么鲜艳，但却由于它香气浓烈，才成为游客很喜爱的花。

4. 突出价值

植物除了具有审美价值之外，还同时具有实用价值。许多植物具有药用价值，成为中国博大精深的中草药的主要来源。有的具有经济价值，可用来制作各种生活用品及工艺品。有的还具有食用价值，成为游客餐桌上的美味佳肴。有的植物的这些功能较为明显，有的却不太为常人所知。因此，更需要在导游讲解中介绍给游客。导游员在讲解中，应突出植物各种性能，同时包括植物的生长性能的介绍。植物的生长性能包括其对温度、气候、土壤条件各方面的要求和分布特点，如白杨树的生长特性、银杏树的雌雄异株等。

5. 突出寓意

有些植物、动物富有深刻的寓意，易使游客获得稳定而丰富的意境感受和多种美感。我国自古就有通过植物来托物言志的文化特性。周敦颐在《爱莲说》中说："予谓菊，花之隐逸者也；牡丹，花之富贵者也；莲，花之君子者也。"这里指的就是花的寓意美。动物界也如此，我们常用猎豹来形容勇士，狮虎来形容军队，鲲鹏来形容志向高远之人。佛语中更是有"狮子吼"的说法。

任务拓展

调研当地的生物景观，收集有趣或有特色的生物景观素材，制作一份小报，并在班级进行展示交流。

四、气象、气候景观导游

（一）气象、气候景观基础知识

1. 基本概念

（1）云、雾、雨。云、雾、雨均是大气中水汽的凝结物。云是大气中的水蒸气遇冷液化成的小水滴或凝华成的小冰晶，飘浮在空中的可见聚合物，是地球庞大的水循环的结果。雾是由悬浮近地面空气中微小水滴或冰晶组成的天气现象，是近地面层空气中水汽凝结（或凝华）的产物。雨是一种自然降水现象，是由大气循环扰动产生的，是地球水循环不可缺少的一部分。

（2）雾凇、雨凇。雾凇，俗称树挂，是北方冬季可见的一种类似霜降的自然现象，是一种冰雪美景。它的形成原因部分是过冷的雾滴直接冻结在树枝等物体上的结果，表现为白色冰晶沉积物。雾凇现象在我国北方较普遍，在南方高山地区也有出现。雨凇，是由过冷雨滴落在 0℃ 以下的物体上，迅速冻结而成的均匀而透明的冰层。雨凇以山地和湖区较多见。

（3）佛光、蜃景。佛光，是大气中光通过折射、衍射而形成的一种奇幻景观。其景观大多为外红内紫排序的七色光环围绕着中心的人或物的影像。蜃景，又称海市蜃楼，是地面或水面景物反射的光线，在密度不同的稳定大气中传播，发生折射和全反射而形成的幻景景观。多出现在海洋、大江、大湖的水面上空或沙漠地带的陆面上空。

2. 天气、气候与旅游的关系

天气与气候是构成天气景观的基本因素，与人类的旅游活动关系十分密切。一方面，它是人类开展旅游活动的必要条件，人们进行旅游活动必须在一定的天气与气候条件下进行；另一方面，它又是一项旅游资源，既有直接的造景功能，又有间接的育景功能。同时，它也是自然界最活跃的因素之一，影响着地貌、水体、动植物乃至一些人文景观的变化。天气与气候的变化在不同季节、不同地区会产生一些非常奇特的天气景观，形成对游客富有吸引力的自然旅游资源。

3. 气象景观与旅游的关系

气象景观是在特殊的气象条件下，配合一定的地理环境和天文条件而自然形成的。气象景观大都离不开春夏秋冬、晨昏晓夜、日月星光、霓虹晕蜃、阴晴寒暖、风雨烟云、霜雾冰雪等景象。

我国历代文人对气象景观着意描绘，倍加赞赏，有的写入山水诗画、散文游记，地方志书中，有的编在风景名胜的史志里。如三国胜地——湖北襄阳隆中一副对联的下联“沧海日、赤城霞、峨眉雪、巫峡云、洞庭月、彭蠡烟、潇湘雨、广陵涛、庐山瀑布、合宇奇观、绘吾斋壁”中，有七处奇观属于气象景观。峨眉山万佛顶的四大奇景——佛光、圣灯、云海、日出则全是气象景观。

美丽的气象景观需要季节性、地域性等条件，并非随处、随时可见。例如观日出要到泰山、黄山、峨眉山、华山、北戴河等地，看海市蜃楼最好去山东蓬莱。欣赏峨眉佛光，需在早晨或傍晚，观者要站在悬崖之巅，与太阳、云雾正好成一直线，且面对云雾，背向日光，否则只见到彩光，看不到佛影。雾霭烟云则多形成于山中，著名的有峨眉山观“海底云”、巫山神女峰看“云雨”、黄山清凉台赏“云海”等。

此外，我国各地园林名胜景观中，也有不少欣赏气象景观的胜地，例如，杭州西湖的“断桥残雪”、承德避暑山庄的“南山积雪”、上海“沪城八景”中的“吴淞烟雨”、北京颐和园的“金光穿洞”等。

（二）气象、气候景观导游技巧

导游员在进行气象、气候景观导游时，要能准确发现气象、气候景观的形态美、色彩美、朦胧美、动态美来加以讲解，把握其一定的科普、文化内涵。结合悬念法、描述法、画龙点睛法、虚实结合法等多种方法的运用，丰富气象、气候景观的讲解内容，激发游客的探索精神。

1. 把握时机

气象、气候景观尤其要把握季节和时间的特殊性。导游员一定要把握气象景观观赏的时机。佛光、圣灯、蜃楼等景观稍纵即逝，应在第一时间让游客感受其景、拍照留念。背景知识的讲解可以放到观赏后再进行补充。

2. 交代成因

气象、气候景观总有其科学成因。在游客第一时间观赏景观后，我们需要适时开展景观成因的介绍，让游客对景观的认识更加系统。

3. 提升内涵

（1）名。讲清气象、气候景观的得名由来，如海市蜃楼、佛光、树挂、极光等。

（2）形。讲清气象、气候景观的形成原因。

（3）色。讲清气象、气候景观的外在形态。

（4）韵。讲清气象、气候景观的文化延伸。如"荡胸生层云""日照锦城头，朝光散花楼"的意境体会。

模拟讲解

极 光

朋友们好！我们此次漠河之行的主要目标当然是极光了。今晚，我们将在极光村住下，入夜后，请大家备好望远镜和长焦镜头，一幕光与影的盛典即将上映。

极光是大气发光现象之一，是非常罕见的，一般只能在南北两极附近地区才能见到，在北极出现被称为北极光。相反，在南极出现则是南极光。极光每次出现的颜色都是不同的，无论哪种颜色都会让我们沉醉其中。但您知道极光是怎么形成的吗？

极光

其实，极光是一种绚丽多彩的等离子体现象，常常出现于纬度靠近地磁极地区的上空。极光一般呈带状、弧状、幕状、放射状，这些形状有时稳定，有时作连续性变化。极光是来自太阳活动区的带电高能粒子（可达1万电子伏）流使高层大气分子或原子激发或电离而产生的。由于地磁场的作用，这些高能粒子转向极区，所以极光常见于高磁纬地区。在大约离磁极 25°～30° 的范围内常出现极光，这个区域称为极光区。在地磁纬度 45°～60° 区域称为弱极光区，地磁纬度低于 45° 的区域称为微极光区。极光下边界的高度，离地面不到 100 千米，极大发光处的高度离地面 110 千米左右，正常的最高边界为离地面 300 千米左右，在极端情况下可达 1 000 千米以上。根据近年来关于极光分布情况的研究，极光区的形状不是以地磁极为中心的圆环状，而是卵形。

早在 2 000 多年前，我国就开始观测极光，有着丰富的极光记录。在古代，极光也成为圣人降生时的一种特殊天象。

极光多种多样，五彩缤纷。可以说在自然界中还没有哪种现象能与之媲美。任何彩笔都很难绘出那在两极空气中嬉戏无常、变幻莫测的炫目之光。极光有时出现时间极短，犹如节日的焰火在空中闪现一下就消失得无影无踪；有时却可以在苍穹之中辉映几个小时；有时像一条彩带，有时像一团火焰，有时像一张五光十色的巨大银幕，仿佛上映了一场球幕电影。

讲解要诀

极光是一种非常特殊的景观。在观赏前，本篇导游词的导游员对其科学成因做了系统的补充，让游客了解它的来龙去脉。在实地操作中，导游员还应学会一项技能，那就是指导游客在夜幕下拍出绚丽的极光照片。

任务拓展　　分旅游区制作我国代表性气象景观的资料卡，在班级进行分享交流。

任务四　博大精深——讲解人文景观

人文指人类社会的各种文化现象。

人文景观是整个人类生产、生活活动的艺术成就和文化结晶，是人类对自身发展过程科学的、历史的、艺术的概括。一个国家或一个地区独具特色的民族状况、历史发展、文化艺术、物质文明和精神文明等都可以构成人文景观。在漫长的历史岁月中，人类不断地顺应自然、征服自然、改造自然，创造了光辉灿烂的文明，在世界各地留下了无数的遗址和遗物。它们是人类在各个历史时期生产和生活的生动记录，反映出人类发展的轨迹。随着人类的进步和物质生活水平的提高，越来越多的游客中意于领略和体验异地文化。因此，人文景观的观赏和体验，是旅游活动的一项重要内容。

人文景观的产生与发展有它自己的特点，主要体现在历史性、人文性、独特性、民族性、地方性、科学性上，导游员要善于抓住这些特点进行深入浅出的讲解。

任务描述

小马又有新任务了，有一个旅游团打算到云南旅游，他们希望在最短的行程内欣赏到云南最具代表性的旅游项目。其中有几名团员对云南的风俗以及云南独特的民族文化有很大的兴趣。木府背后深厚的地域文化、热情的泼水节、热闹的火把节，云南民俗的精华缩影——民俗村，都让大家感到这次旅行将会是一段难忘的美好时光。作为全陪，小马为了让游客如愿以偿，为自己制订了详细的工作计划：

（1）通过云南旅游信息网查阅旅游资料，将当地的风土人情、逸闻趣事和人文景观资料进行整合；

（2）结合人文景观的导游词，设计出最适合的讲解方案；

（3）细化带团方案，注意突发情况应对；

（4）学唱几首不同少数民族的歌曲，学说几句不同少数民族的问候语言。

任务分析

人文景观的产生和形成不同于自然景观，它是整个人类生产、生活活动所形成的文化结晶。它受历史、经济、文化、民族、地域环境等多种因素综合影响，造景机制、形成过程比自然风景更复杂。因此，进行人文景观讲解时，对导游员的综合文化素质和讲解技巧提出了更高的要求。

任务实施

一、民俗风情景观导游

（一）民俗风情景观的类型

民俗风情指各国各民族不同的生活习惯、地理位置、饮食习惯、民族服饰、宗教信仰、喜好禁忌等民俗文化载体，它们各具特色。我国地域辽阔，民族众多。56个民族因生活环境、发展历史、社会经济、文化传统、宗教信仰等不同，逐渐形成了多姿多彩的民俗风情。民俗风情景观可以分为以下三类。

项目二　讲解技能训练

1. 集锦荟萃——人造民俗风情景观

人造民俗风情景观指将散布于一定地域范围内的典型民俗集中于一个主题公园内表现出来。

如深圳的"锦绣中华"。它是目前世界上面积最大、内容最丰富的实景微缩景区，占地 30 公顷，分为主景区和综合服务区两部分。"锦绣中华"的 82 个景点均是按它在中国版图上的位置进行分布的，比例大部分按 1∶15 建造，全园犹如一幅巨大的中国地图。

云南民族村

又如云南昆明的"云南民族村"，位于云南昆明南部的滇池之畔，占地面积约 89 公顷，是展示云南各民族文化风情的窗口，走进村里不同风格的民族村寨分布其间，错落有致，各展风采。各少数民族丰富多彩的村舍建筑、生产、生活、宗教习俗均生动地展示出来，是云南民族文化的缩影。

这一模式的优点是可以让游客用很短的时间、走很少的路程就领略到原本需花很长时间、走很长路程才能了解到的各地民俗文化，其缺点是在复制加工过程中会损失很多原生态民俗文化信息内涵，如果建设态度不够严谨，可能会让民俗文化失真。

2. 返璞归真——原生自然式景观

它是在一个民俗文化相对丰富的地域中选择一个最为典型、交通也比较便利的村落对游客展开宣传，以村民的自然生活生产和村落的自然形态为旅游内容，除了必要的基础设施建设外几乎没有加工改造，如湖南怀化地笋苗寨、福建的土楼、浙江的诸葛八卦村等。

诸葛八卦村

原生自然式景观的优点是投资很少，让游客有真实感，能自然地与当地居民交流，甚至亲身参与劳作，有很大的活动自由度。缺点是难以将旅游开发带来的利益公平地分配给村民，村民的正常生产生活受到干扰后可能产生抵触或不合作的情绪，难以保证所有村民在接待游客时保持一贯的热情、友好。

3. 精彩瞬间——短期表现式景观

有一些特定的民俗文化只存在很短的时间，激发短暂的旅游人流。主要有两种情况：一是出于民族民俗传统的节庆活动，如蒙古族的那达慕大会、回族的古尔邦节、白族和彝族的火把节等，其本意并非为了发展旅游业，故节庆不会持续很长时间，但在节庆期间会吸引大量的游客；二是流动性的民俗文化表演活动，如贵州组织民间表演队到国外演出松桃苗族花鼓、滩堂戏、"下火海"等，展现了民间文化的艺术风采，每到一处也吸引了不少外国游客远道而来欣赏，进而吸引游客到贵州旅游。

（二）民俗风情旅游的类型

1. "走马观花"型

游客游览的目的在于走走看看，随机感知各种民俗文化。这种旅游形式可以给游客带来瞬间感官上的满足。这类游客并不需要达到更深层次的了解，而是重在参与。这也是目前大多数游客采取的一种游览方式。

2. "身临其境"型

"身临其境"型也称"参与体验"型。这类游客在游览过程中不仅要了解当地的风土民情，更要和特定目标人群进行朝夕相处。亲自参与到当地居民的生活生产中去，以满足交流情感、丰富体验的需求。例如，到云南西双版纳参加泼水节，到辽宁大连参加啤酒节（喝啤酒，看酒窖，享用特色大连海鲜）等。

3. "学术考察"型

游客之所以越来越倾向于民俗文化游，其动机正是想品味目的地的深层文化韵味，了解目的地丰富多彩的民俗风情。例如，在游客品尝特色美食的同时，他们更想了解当地的饮食文化；在游客欣赏到具有民族特色服饰的同时，他们更想知道那些图案和设计的缘由；在游客走在异域风情的小路上，看到独具特色建筑物的同时，他们更想挖掘出本民族修建这种建筑的原因。这部分游客除观赏外，还要探索他乡民俗的奥秘，了解来龙去脉，认识其本质。

4. "特产采买"型

旅游购物本身就是旅游资源，满足游客的购物体验需求，这已成为某些旅游目的地最具吸引力的内容之一。某些特定游客在参观考察民俗风情景观的同时，对民俗商品会产生浓厚的采买兴趣，形成购物行为。例如购买特色民间工艺品、土特产品、民族服饰等。

（三）民俗风情景观导游技巧

1. 鲜活生动的讲解内容

（1）一方水土养一方人。一定的环境造就一定的人文。不同地域上的人，由于环境的不同、生存方式不同、地理气候不同、思想观念不同、人文历史不同、为人处世不同，文化性格特征也不同。

导游员在进行民俗风情景观讲解时，要掌握民族知识，了解当地的风俗习惯、地理环境、民族历史文化、饮食文化、服饰文化、宗教信仰、婚丧嫁娶习俗、礼仪习俗和禁忌，还要收集当地的名人典故、历史典故以及时事政治。

（2）入乡随俗

① 导游员要了解当地方言：方言作为地域文化的标志与载体，是游客在旅游目的地体验感知的重要媒介。在导游服务中，导游员在讲好普通话的前提下，也要灵活巧妙地运用好

方言，以增强讲解效果，加强游客的旅游体验深度，构建情景交融的旅游体验环境。

② 导游员要熟悉宗教禁忌：中国是个多宗教的国家，中国宗教徒信奉的主要有佛教、道教、伊斯兰教、基督教（天主教、东正教、新教）。中国政府网数据显示，中国现有各种宗教信徒 1 亿多人，经批准开放的宗教活动场所 13.9 万余处，宗教教职人员约 36 万人，宗教团体 5 500 多个。这就要求导游员在带团过程中，提醒游客尊重当地的宗教信仰，不能伤害民族情感。

（3）导游员要了解游客需求。游览线路安排和讲解的实施必须针对游客的类型进行选择。不能千篇一律，亘古不变。如新婚蜜月旅行团，可能对当地的婚恋习俗比较感兴趣（如彝族的泼水迎亲等），对于这部分内容导游员可着重讲解。

对于一些文化修养较高的游客（如教师团、学者团等），导游讲解的内容就要更多地挖掘民俗风情景观的内涵和演变过程。

2. 体验互动的讲解方法

民俗风情景观导游过程中既要充分利用传统的讲解方法，如描绘法、虚实结合法、你问我答法、分段讲解法和突出重点法等，还要根据民俗风情的类型和民俗旅游的特点运用特殊的讲解方法。

（1）"文武双全"讲解法。民俗风情景观旅游因其内容丰富多彩而吸引游客，一些重要节庆活动因受时间的制约，团队抵达时不一定能现场体验。因此，导游员除了进行语言层面的讲解外，还可以利用多媒体手段，为游客适时播放视频。为了避免游客因长时间观赏而枯燥无味，可以结合导游员的语言、动作、手势等方式增加乐趣。例如，导游员可通过学说当地方言、学跳当地民族舞蹈、学唱当地民族歌曲等形式来活跃气氛。

（2）"动静结合"讲解法。民俗风情景观导游过程中，导游员要多激发游客参与其中，发现乐趣。游客不仅可以听导游员讲解"静"的导游词，更可以亲身投入到民俗风情景区为游客设计的参与体验活动中去。如学做民族工艺品、学做民族餐、学做民族服装等，以此增加民俗风情景区的体验性和互动性。

1. 浏览旅游类网站，选择一个"民俗风情游"产品，并向游客（学生扮演）模拟推荐。

2. 走访当地旅行社，了解是否有当地特色的"民俗风情游"产品以及它的销售情况。

任务四　博大精深——讲解人文景观

二、古建筑景观导游

（一）古建筑景观基础知识

建筑不仅仅是技术科学，更是一种艺术。中国古代建筑经过长时期的探索，同时吸收了中国其他传统艺术，特别是绘画、雕刻、工艺美术等造型艺术的特点，创造了丰富多彩的艺术形象，并形成了鲜明特点。富有装饰性的屋顶、装饰手段的运用、规整的格局都是其中的突出特点。

（1）宫廷府第类建筑。如皇宫、宫殿、宫堡、王府等。

（2）防御守卫建筑。如城墙、城楼、堞楼、村堡、关隘、烽火台等。

（3）纪念性和点缀性建筑。如阙、阙楼、钟楼、鼓楼、过街楼、牌坊、照壁等。

（4）陵墓建筑。如皇陵、陵区宫殿等。

（5）园圃建筑。如园林、围场、亭台楼阁、水榭、舫等。

（6）祭祀性建筑。如天坛、地坛、文庙（孔庙）、武庙（关帝庙）、武侯祠等。

（7）桥梁及水利建筑。如石桥、木桥、堤坝、码头、水利工程等。

（8）民居建筑。如窑洞、四合院、碉楼等。

（9）宗教建筑。如佛教的寺、庵、堂、院，道教的祠、宫、庙、观，伊斯兰教清真寺，基督教礼拜堂等。

（10）娱乐性建筑。如乐楼、舞楼、戏台等。

（二）古建筑景观导游技巧

我国的古建筑博大精深，如果没有一定的知识积累，要想很好的在游览中领会它的艺术美，有一定的难度。导游员应能适度地给游客普及古建筑常识，教会游客欣赏古建筑、感受古建筑。游览古建筑景点时，导游员要引导游客从悦耳悦目的感性体验上升到悦心悦意的理性认识，这才是讲解的根本目的。

1. "名" 的讲解

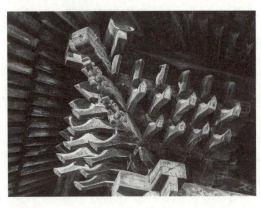

斗拱

我国的古建筑术语名目繁多。如果不了解一些基础名词术语，会影响游客对古建筑架构的理解，所以导游员在带团游览中要善于激发游客的求知热情，引导他们主动地去认识这些古建筑术语，领会其中奥妙。

（1）斗拱。是中国古建筑中特有的构件。如果说，中国古建筑是一组组巧夺天工的部件，那么斗拱就是其中的中心。斗拱是"斗"和"拱"的复合构成，是在一根短短的扁方、横木端部挖成"拱"

状，在拱顶装上一个"斗"，便成了斗拱。完备的斗拱组件由斗、拱、昂、枋四种构件组合，但枋只是连接相邻两座斗拱的加固杆件。斗拱本身则是由垂直和横向的小斗拱构件加上斜昂，一层一层作十字形叠加而成，小巧而精致，是一种在技术上非常先进的承重结构。

（2）脊兽。是中国古代建筑屋顶的屋脊上所安放的特殊部件。除装饰作用外，它的真正功能是牢固脊瓦。古建筑上的脊兽最多有十个，分布在房屋两端的垂脊上，由前至后的顺序一般是龙、凤、狮子、天马、海马、狻猊、狎鱼、獬豸、斗牛、行什。如再配以仙人造型领衔，则可多达11个部件。目前，只有故宫太和殿屋脊上有一组脊兽11个部件。

脊兽

脊兽有不同的寓意，可谓各司其职。龙，纵横天地，是皇权的象征；凤，鸟中之王，是祥瑞之象；狮子，百兽之王，是威仪的象征；天马、海马是吉祥的化身，象征着皇家的威德能通天入海；狻猊是传说中能食虎豹的猛兽；狎鱼是海中异兽，传说能驾云降雨，灭火防灾；獬豸是传说中能明辨是非的一种独角猛兽，象征正大光明；斗牛也称蚪牛，是古代传说中的一种龙；行什是一种带翅膀的猴面人像，是压尾兽。

藻井

（3）藻井。是中国古代天花板上的环行雕饰物，暗含"倒置水井"之寓意，同时具备表达"五行以水克火"和装饰的作用。藻井大多修建于宫殿或寺院的主殿中央上方。藻井的形制越复杂，雕刻越精美，占用天花板的面积也就越大。

（4）雀替。又称"撑弓"，是明清古建中的上檐柱与横梁之间的撑木。主要起支撑建筑外挑木、檐与檩之间承受力的作用，使外挑的屋檐起到遮风避雨的效果，又能将其重力传到檐柱，稳固架构。一般来说，只有在祠庙或大户人家的建筑上才会有雀替，因为它是一座宅院中象征财富的标志性构件。雀替选材极为讲究，多以檀、楠等为原料，整木雕成。表现题材以人物、走兽为主，山水、花鸟为辅。造型优美，主题鲜明突出，采用深浮雕、透雕等多层次雕刻，具有独特的艺术风格。它直观表达了房屋主人的涵养和美好愿望。

雀替

马头墙

（5）马头墙。是徽派建筑的重要特色。在聚族而居的村落中，民居建筑密度较大，一旦发生火灾，易"火烧连营"。而高高的马头墙，能在相邻民居发生火灾的情况下，隔断火源，故而马头墙又称"封火墙"。马头墙高低错落，一般为三叠式。较大的院落，因前后厅相连，马头墙层数可多至五叠，民间俗称"五岳朝天"。

2. "形"的讲解

中国古建筑从建筑外观上看，每种建筑都由上、中、下三段式组成。上为屋顶，中为屋身（由柱子、门窗、墙面组成），下为台基。

（1）屋顶。中国古建筑的屋顶样式有多种，分别代表着一定的等级。

等级最高的是庑殿顶，特点是前后左右共四个坡面，交出五个脊，又称五脊殿，这种屋顶只有帝王宫殿或敕建寺庙大殿等才能使用。

等级次于庑殿顶的是歇山顶，系前后左右四个坡面，在左右坡面上各有一个垂直面，故而交出九个脊，又称九脊殿，这种屋顶多用在建筑性质较为重要，体量较大的建筑上。

等级再次的屋顶主要有悬山顶（有前后两个坡面且左右两端挑出山墙之外）、硬山顶（有前后两个坡面但左右两端并不挑出山墙之外）、攒尖顶（所有坡面交出的脊均攒于一点）等。

中国古建屋顶具有优美舒缓的曲线。无论它是源于古人对杉树枝形还是鹰隼之翼及其他自然界形态的模仿，都再现了曲线先陡后缓，飞扬上翘的形态。屋面的这种造型不仅受力比直坡面均匀，而且便于排雨送雪。

台基

（2）台基。位于屋身之下，可层层相叠，既可防潮，又可抬升高度，让建筑物更加雄伟。

随着佛教的传入，台基也演变为流行的"须弥座式"。台基高了，便要设计栏杆以确保人行安全。阶基上逐层分布合围的石栏杆习惯性的被称作"雕栏"，古代也称"钩栏"。明清时代的钩栏只是在望柱之间嵌上一整块石雕栏板就算完成。望柱头多雕刻云龙纹，雕工精致。台基面离地面有一定高度，因此要做踏步以方便登临。常见的皇宫正殿有三座台阶，中央的台阶称为"陛"，皇帝的尊称"陛下"由此而来。中央台阶正中镶嵌一条气势雄伟的陛石，多刻龙凤云海纹，这便是帝后通行的御路。

（3）屋身。中国古建筑从总体上说是以木结构为韵，框架由立柱、横梁、檩、椽等主要构件组成。各构件之间的结合部用榫卯相连，形成了富有一定弹性的框架。

中国古代木结构建筑一般有以下三种形式。

① 井干式：即以圆木或方木四边重叠，构架如井字形，这是一种最原始而简单的结构。现在除了山区林地之外，已较为少见。

② 穿斗式：是用穿枋、柱子穿通接斗而成，便于施工，最能抗震。但因柱子密度较大，一般很少建成大型殿宇楼台。我国南方民居多采用这种形式。

③ 抬梁式：即在柱上抬梁，梁上架短柱，短柱上又架梁的结构方式。这种结构方式的特点是可以使建筑物的面阔和进深加大，以满足扩大室内空间的需求，成为大型宫殿、坛庙、寺观主殿、王府宅第等豪华建筑所选用的主要结构形式。有的建筑更巧妙地将抬梁与穿斗结构相结合，形式更为灵活多样。

3. "色"的讲解

色彩的使用是中国古建筑艺术成就中的重要组成部分。经过漫长的发展、演变，中国古建筑的色彩处理逐渐形成一套完整的手法。在色彩的选择、对比和协调等诸方面都有其独到之处。建筑是文化的载体，建筑色彩的形成和发展也不可避免地受到当时社会的政治、经济、文化等诸多因素的影响。

（1）善于用色。中国古代建筑的特点之一是最敢于使用色彩，也最善于使用色彩。这个特点是和中国建筑的木结构体系分不开的。因为木料不能持久，所以，中国建筑很早就采用在木材上涂漆和桐油的办法，以保护木质和加固木构件，同时增加美感，达到实用、坚固与美观相结合的效果。以后又用丹红装饰柱子、梁架，或在斗拱、梁、枋等处绘制彩画。

（2）南北对比。经过长期的实践，中国建筑在运用色彩方面积累了丰富的经验，并形成了南北不同的地域色彩风格。

北方的建筑善于运用色彩的对比与调和，往往具有鲜明活泼的特点。房屋的主体部分，即可以经常照到阳光的部分，一般用暖色，特别是用朱红色；房檐下的阴影部分，则用蓝绿相配的冷色。这样就更强调了阳光的温暖和阴影的阴凉，形成一种悦目的对比。朱红色的门窗部分和蓝绿色的檐下部分往往还加上金线和金点，蓝绿之间也间以少数红点，使得建筑上的彩画图案显得更加活泼，增强了装饰效果。这种色彩风格的形成在很大程度上与北方的自然环境有关。因为在平坦开阔的北方地区，冬季景色的色彩是很单调的。在那样的自然环境中，这种色彩就使建筑物变得活泼，富有生趣。例如北京的故宫、天坛等建筑，红色的门窗，蓝绿色的房檐，再配以黄色、绿色或蓝色的琉璃瓦，如同京剧舞台上的戏装，华丽而生动。而它们的下面又往往衬以一层乃至好几层雪白的汉白玉台基和栏杆，秋冬之际，在北方地区万里无云的蔚蓝天空下，这样的色彩效果显得无比动人。

在山明水秀、四季常青的南方，建筑的色彩一方面为封建社会的建筑等级制度所局限，另一方面也是因为南方终年青绿、四季花开，为了使建筑的色彩与南方的自然环境相调和，它使用的色彩就比较淡雅，多用白墙、灰瓦和栗、墨绿等色的梁柱，形成秀丽淡雅的格调。

这种色调在比较炎热的南方的夏天里使人产生一种清凉感，而强烈的颜色易令人烦躁。

当然，我国古建筑的色彩的运用，除了上面提到的两种格调外，由于民族和地区的不同，也同样体现出不同的特点，样式也更加丰富多彩。

4. "韵"的讲解

（1）墙倒屋不塌。简单的一句俗语充分表达了抬梁式木构体系的特点。由于这种结构主要以柱梁承重，墙壁只作隔断和空间营造作用，并不承受上部屋顶的重量，因此墙壁的位置可以按所需室内空间的大小而灵活安置，并可以随时按需改动。正因墙壁不承重，墙壁上的门窗也可以由工匠按需开设，可大可小，可圆可方，可高可低。

（2）震过仍挺立。由于木材建造的梁柱式结构是一个富有弹性的框架，这就使它还具有一个突出的特点，即抗震性能强。通过木结构的缓冲，它可以把巨大的震动能量消失在弹性很强的结点上。历史上有许多木构建筑，历经上千年风霜仍能保存完好。如高达 67 米多的山西应县辽代木塔，是世界上现存最古老、最高大的全木结构高层塔式建筑；还有 23 米的天津蓟州区辽代独乐寺观音阁。独乐寺观音阁经历过其附近区域发生的八级以上的大地震，1976 年又受到唐山大地震的冲击，仍安然无恙，充分显示了这一结构体系抗震性能的优越性。

（3）震害与分析。和铁钉、铁匝连接的近代木结构不同，木结构古建筑作为一种梁柱结构体系，具有以下显著特点：一是梁柱等构件之间由榫卯节点连接；二是檐下柱端多用斗拱连接，斗拱具有结构和装饰的双重功能；三是柱与基础的连接或采用管脚榫，或基础直接搁置于石质的柱顶石表面上。

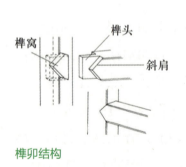

榫卯结构

一般来说，木结构古建筑由于木材的弹性以及上述的特点而具有较高的抗震能力，但其中也有不少该类古建筑在地震中呈现出不同程度的损坏。榫卯是中国古建木构架连接的主要措施，研究其震害十分必要。唐山大地震时，地震烈度高于 9 度的唐山市的刘家祠堂，山墙中柱与梁交接处榫卯拔出 2 ~ 3 厘米。在 2008 年·"5·12"汶川大地震中，甘肃武威文庙尊经阁、大成殿、桂籍殿榫卯拔裂；天水市国家重点文物保护单位后街清真寺大殿部分梁架断裂。造成以上破坏现象的主要原因是，榫卯结合虽然能够承担转角弯矩，能产生微小角变位，但在较大的地震作用下，则产生过大的角变位，加之连接不强便造成榫卯拔裂等破坏。

我国是一个多地震国家，历史上曾发生过多次强烈的地震，为了防止和减轻地震灾害，我国设立了多处抗震防灾重点防御区、多处抗震重点城市，这些城市不少都是历史文化古城，存在大量的木结构古建筑，因此对木结构房屋的抗震性能评估和保护措施研究十分重要。

现在，世界进入了一个新的地震活跃期，"5·12"汶川大地震中许多古建筑的破坏，使对木结构古建筑特别是作为文物的这类古建筑的抗震研究与保护愈显迫切。

解读中国古建筑的知识永远是导游员讲解的主题之一。导游员在带领游客游览中国古建筑时，要以渊博的古建筑知识和导游技巧推动游客对古建筑内涵的领悟，使游客真正实现内心的愉悦、阅历的扩展、知识的提升和美的享受。

任务拓展

1. 调研当地古建筑旅游资源，制作古建筑赏析 PPT，以小组为单位在班级进行讲解展示。

2. 上网收集一条以古建筑游为特色的旅游产品，模仿其体例，设计一条家乡古建筑游线路，并在班级进行推荐展示。

三、博物馆导游

（一）博物馆基础知识

1. 关于博物馆

博物馆是文物和标本的主要收藏机构、宣传教育机构和科学研究机构，是我国社会主义科学文化事业的重要组成部分。博物馆通过征集收藏文物、标本，进行科学研究，举办陈列展览，传播历史和科学文化知识，对人民群众进行爱国主义教育和社会主义教育，

大英博物馆

为提高全民族的科学文化水平，为我国社会主义现代化建设做出贡献。

"博物馆"一词，源于希腊文"缪斯庵"，原意为"祭祀缪斯的地方"。缪斯是古希腊神话中掌管科学与艺术的九位神女的通称，她们分别掌管着历史、天文、史诗、情诗、抒情诗、悲剧、喜剧、圣歌和舞蹈，代表着当时希腊人文活动的全部。现代意义的博物馆在 17 世纪后期出现。1753 年，大英博物馆建立，它成为全世界第一个对公众开放的大型博物馆。1905 年，张謇自费创建中国第一座现代博物馆。

1946 年，国际博物馆协会在法国巴黎成立。从 1977 年开始，国际博物馆协会把每年的 5 月 18 日确定为"国际博物馆日"，并且每年都会确定一个主题。

2. 中国博物馆的类型

在现阶段，参照国际上一般使用的分类法，根据中国的实际情况，将中国博物馆划分为历史类、艺术类、自然科学类、综合类这四种类型。

（1）历史类博物馆。以历史的观点来展示藏品，如中国历史博物馆、中国革命博物馆、中国共产党第一次全国代表大会会址纪念馆、韶山毛泽东同志纪念馆、西安半坡遗址博物馆、秦始皇兵马俑博物馆、泉州海外交通史博物馆、景德镇陶瓷历史博物馆、北京鲁迅博物馆等。

（2）艺术类博物馆。主要展示藏品的艺术和美学价值，如故宫博物院、南阳市汉画馆、广东民间工艺馆、北京大钟寺古钟博物馆、徐悲鸿纪念馆、天津戏剧博物馆等。

（3）自然科学类博物馆。以分类、发展或生态的方法展示自然界，以立体的方法从宏观或微观方面展示科学成果，如中国科学技术馆、中国地质博物馆、北京自然博物馆、自贡恐龙博物馆、柳州白莲洞洞穴科学博物馆、台湾昆虫科学博物馆等。

（4）综合类博物馆。展示地方自然、历史、革命史、艺术方面的藏品，如首都博物馆、南通博物苑、四川博物院、湖南省博物馆、内蒙古博物院、黑龙江省博物馆、甘肃省博物馆等。

故宫博物院

首都博物馆

（二）博物馆导游技巧

1. 寓教于乐

随着时代的变化和社会的发展，游客不断改变着对博物馆教育功能的认识。对于新旅游形势下的游客来说，博物馆不仅是高雅的知识殿堂，还是充满趣味的奇妙屋。以此我们了解到游客的文化消费观念，即来到博物馆是为休闲而非专程听课。因而，导游员是传播文化的使者而非学校的任课教师。讲解工作亦是如此。博物馆汇集、珍藏着民族智慧的结晶，利用陈列的空间语言，见证人类历史文明的发展。展品本身包含着高度浓缩的艺术内涵和审美价值，导游员的任务就是通过讲解语言再现陈列品的内涵和美感，以交流、探讨的方式帮助游客感知展品的内在美、外在美,解读展品的深刻内涵。因而对游客而言,导游员应是一位引导发现的带路人。

模拟讲解

浙江省博物馆"越王者旨於睗剑"

各位游客:

现在我们看到的是被誉为浙江省博物馆十大镇馆之宝之一的"越王者旨於睗剑",它与越王勾践剑并列为"越剑双绝"。

越地青铜宝剑自古有名,历史上曾多次发生为争夺宝剑而引起的战争。相传著名的铸剑大师欧冶子曾为越王铸了五柄宝剑,其中湛卢剑经吴王阖闾后落到了楚王的手中。而秦王得知此消息后,向楚王求剑,无果,一气之下出兵攻打了楚国。可见,越地的宝剑非常名贵且稀有,成为各国君王竞相争夺的宝物。

而这把"越王者旨於睗剑"能陈列在我们浙江省博物馆,还有一个曲折、感人的故事。1995年9月下旬的一天,时任上海博物馆馆长、中国著名的青铜器专家马承源先生收到了一份来自香港的传真照片。照片上出现的是一柄寒光四射的宝剑。它制作得极为精良,剑格上有八个鸟虫书铭文,写的是"戉(越)王戉(越)王,者旨於睗",意思是越王勾践之子——者旨於睗所使用的剑。马承源先生意识到这是一柄堪称"国宝"的绝世名剑,其价值和意义远在众多已出土的吴越名剑之上。而当时,这把剑即将在香港拍卖,而且很有可能被买家带出国外。他立即与浙江省博物馆取得联系,想筹划赎回国宝,让它回归故里。这柄剑当时开价100万元港币。由于政府财政吃紧,筹款期限将至时,浙江省博物馆仍因无力斥巨资购买而一筹莫展。这个时候,杭州钢铁集团鼎力相助,出资赎回了宝剑,并捐赠给浙江省博物馆,终于使得"越王者旨於睗剑"回归故里。

讲解要诀

博物馆导游员要对深藏着的历史和文化内涵进行挖掘,以达到再现历史、传承文化的教育目的。该篇讲解词讲述了文物回归故里的故事,对引导社会大众坚定爱国主义思想、树立文物保护意识、加强自身思想道德建设、提升文化自信有很好的促进作用。

2. 鉴赏分析

导游员的作用就是在视觉的基础上引导游客用心去体验展品,以产生强烈共鸣。而不是不管游客的类型和反应,一味地进行千篇一律、单一乏味的说教式讲解。所以,导游员不仅应具备一定的专业知识和艺术修养，包括对艺术作品的形式、结构、特征、风格的感受力和一定的审美经验，还要灵活运用讲解技巧。讲解的过程中，导游员应具有像艺术家一样的鉴赏能力。自己要首先学会鉴赏，了解展品及其作者的风格、特点，要能感受所讲展品。如果导游员本身都不知所讲展品的艺术个性，那就是"复述"，如一杯白水，索然无味。

如中国传统书画展品的讲解。在诸多博物馆展品讲解中，传统书画讲解有一定的难度。要生动讲解书画展品，导游员必须要有一定的审美修养。了解作品的时代及书画家的个人风格。每位书画家由于个人的生活经历、艺术素养、情感倾向、审美等方面的不同，以及使用工具与用笔墨习惯的不同，反映在作品上也必然形成不同的风格。书画家不同的个人风格也会受到他们所处时代、地域的审美情趣与审美需求的影响，从而呈现风格的多样性。书画讲解可以从作者及其所处时代的风格入手，对画面的构图、笔墨、线条、色彩、题跋加以解析，辅以展品背后的故事及作者的趣闻逸事，通过多角度的讲解，让书画展品变得立体、鲜活，更加生动地展现在游客面前。

又如瓷器艺术品的讲解，不论从色彩还是造型上，瓷器都有着很强的艺术性。进入瓷器展馆，最先吸引游客视线的是瓷器艳丽的色彩和丰富的造型。导游员应抓住游客的第一感觉，从瓷器的色彩讲起，再适时地从瓷器的造型、釉色、纹饰、窑口、时代特点及用途和制作过程进行补充。每件精美的瓷器陈列品都散发着独特的艺术气息，导游员也应运用艺术的语言来向游客诠释这种特质，如青瓷的"雨过天青"、釉色的"白润如玉"等的表达。瓷器艺术品的讲解应更注重其艺术性，要既有感性认识中的具体形象，又有理性认识上的画龙点睛。

模拟讲解

四川博物院"战国嵌错水陆攻战纹铜壶"

各位朋友：

下面向您展示的是 1965 年在成都百花潭中学出土的青铜器。其中最珍贵的就是这件水陆攻战纹铜壶。壶的盖子上面有三个鸭型钮，如果把它倒过来，就是一个小盘子的三个支架，设计非常巧妙。

水陆攻战纹铜壶

您再细看一下壶身上的纹饰，虽然被氧化，但依旧有很多人物图案。而这么小的图案之所以现在还能看到，是因为它的工艺叫嵌错，就比如我需要一个人物的图案，我就在壶上刻一个人物造型的凹槽出来，再将同样形状的金属片（一般由黄金或白银制成），嵌到这个凹槽里去，再用锤子捶打压牢，用磨石将突出的部分磨平，再用皮革蘸水反复地擦，使它光亮如新。这就是嵌错工艺。

铜壶高 40.3 厘米，却有 200 多个人物形象，内容相当丰富。壶身的三条带纹将其分为四层，第一层的右边是采桑的图案，左边是射箭的图案；第二层的右边是一些人在射大雁，左边展示了一些乐器，有编钟和磬，是当时歌舞升平的一个场景；第三层是整个壶身最精彩的一部分，描绘的是战国时期水陆攻战的场景，右边您可以看到有一些人在划船，上面的人拿着兵器在厮杀，这是在水上打仗，而左边就是在陆地上打仗了，上面一层的人实际上是站在城墙上，下面的人架着梯子在往上攻城，您看这里还有一个人掉下来了，旁边是他的头，说明他本来在上面守城，结果下面的人攻上去把他的头砍掉了，他就掉下来了，反映了当时战争的残酷；第四层是猎人打猎的场景。

总体来看，壶身上嵌错有这么多内容丰富的图案，对于考古学家来讲价值是无可估量的。图案真实再现了战国时期社会生活的各个层面，包括生产、生活、军事等，是非常珍贵的科研材料，所以说它自然也成为四川博物院的又一镇院之宝了。

讲解要诀

该讲解深入浅出、形象生动。从鸭型钮设计的巧妙、纹饰制作的精妙、画面内容的惟妙惟肖三个方面呈现了文物的艺术价值、考古价值。讲解颇具现场感，兼顾了科学性和故事性，能较好引导游客欣赏铜壶的外在美，感知铜壶的内在美。

3. 突出特色

历史类展览内容时间跨度长，事件众多，导游员应更多采取突出特色、以点带面的方式，有的放矢地进行讲解。如在讲解成都金沙遗址博物馆时，首先，应明确博物馆是在考古发掘原址兴建的国家一级博物馆，这个前提意味着游客所走过的探方和遗址，都是历史原貌的再现。其次，应明确金沙遗址的发掘把成都的建城史由 2 300 年往前推到 3 000 年以上。遗迹馆中的一切都是 3 000 年前蜀

金沙遗址

都城邦的原址。最后，在此基础上，成都古代史的讲解便有了一条清晰的思路，即纵向以古蜀文明从三星堆向成都金沙过渡为特色、城址发展为点，横向穿插同时期其他历史内容，最终向公众表达出来的就是一部完整的古蜀文明史。

博物馆讲解的过程是一个再创作的过程，让静止的展品生动起来，导游员的作用非常大。对展品内涵的立体挖掘，讲解技巧的综合运用，导游员自身的引导启发，多种因素结合在一起才能成为有"风骨"的讲解。导游员就像一位钢琴师，巧妙地弹奏各个琴键发出乐音，使游客的精神产生各种波澜和反响。

任务拓展

1. 实地或线上走访一家博物馆，观摩讲解并尝试模仿讲解一件藏品或一个馆区的概况。

2. 以小组为单位，到当地的博物馆进行调研，搜集资料，开展一次"走进文博大课堂"主题班会。

四、主题公园导游

（一）主题公园基础知识

1. 关于主题公园

上海迪士尼乐园

主题公园指为了满足旅游者多样化休闲娱乐需求而建造的一种具有创意性活动方式的现代旅游场所。它是根据特定的主题创意，主要以文化复制、文化移植、文化陈列以及高新技术等手段、以虚拟环境塑造与园林环境为载体来迎合旅游者的好奇心、以主题情节贯穿整个游乐项目的休闲娱乐活动空间。

经验告诉我们只有根植于六大要素——新颖的主题、恰当的园址、独特的创意与文化内涵、灵活的营销策略、深度的主题公园产品开发，主题公园设计才能独具一格，热度才会高。

2. 主题公园主要类型

根据旅游体验类型，主题公园可分为五大类，分别是游乐、情景模拟、观光、主题和风情体验。最令普通游客印象深刻的是游乐型的主题公园。游乐型的主题公园亦称游乐园，提供了刺激的游乐设施和机动游戏，为寻求刺激的游客乐此不疲。

令人印象深刻的另一种主题公园类型是情景模拟，具体的即是各种影视城的主题公园。

观光型的主题公园则浓缩了一些著名景观或特色景观，让游客在短暂的时间内欣赏最特色的景观。

各式各样的水族馆和野生动物公园，就是主题型的主题公园。

以风情体验为主题的主题公园，则将不同的民族风俗和民族色彩展现在游客面前。

3. 主题公园旅游特点

（1）非自然性（人造景观）。不同于以自然遗产为主体的自然旅游景观和以文化遗产为主体的人文旅游景观，主题公园是人为有目的地专门建造的新型旅游目的地形态。

（2）特定主题。主题公园内的景点、表演和建筑都围绕主题展开，园内所有的色彩、造型、植被等也都是为表现主题服务。

（3）高度的娱乐性与广泛的参与性。主题公园必须能够满足游客"娱乐第一"的需求，这是其生命力之所在。而为了真正能够满足娱乐需求，主题公园的项目就必须具备参与性和新颖性。

（二）主题公园导游技巧

导游员在带领团队进行主题公园游览时，同样要进行讲解服务。因为主题公园游览具有较强的自助性和开放性，所以导游服务往往容易被忽略。一般情况下，目前国内的主题公园配有自导式解说系统和向导式解说系统。自导式解说系统包括主题公园景观标志牌、公共设施指示牌、景区导游图等，还有就是环境地图型解说物、目的地诱导型解说物、说明型解说物、公共设施指示解说物和警示型说明物等。向导式解说系统主要指导游的解说，包括运用数字技术的语音解说和其他动态的信息传导方式解说。

需要强调的是，主题公园的解说应简明扼要、随时开展。导游员必须处理好解说时间与游客参与游乐项目的时间冲突。在旅游旺季，这个问题显得尤其突出。

1. 提前预热

在即将抵达主题公园时，导游员应对主题公园的特色、沿革和重点游艺项目进行扼要介绍，让游客在入园前对公园的整体概况有充分的了解。同时对于重点游艺项目的参与方式、过程有详细介绍，方便游客做预先的准备。

模拟讲解

上海迪士尼乐园概况

亲爱的小朋友们、爸爸妈妈们：

早上好！欢迎大家来到迪士尼乐园！

说起迪士尼，大家肯定都不陌生，迪士尼有哪些著名的动画人物呢？你们知道米老鼠的爸爸是谁吗？世界上有几家迪士尼乐园呢？（与小朋友们互动回答）

上海迪士尼乐园是一座神奇王国风格的迪士尼主题乐园，是中国内地首座迪士尼乐园，位于上海市浦东新区川沙新镇，于 2016 年 6 月 16 日正式开园。它是中国第二个、中国内地第一个、亚洲第三个、世界第六个迪士尼主题乐园。上海迪士尼乐园面积约为加州和东京迪士尼乐园的 2 倍，是中国香港迪士尼乐园的 3 倍左右。

上海迪士尼乐园拥有七大主题园区：米奇大街、奇想花园、探险岛、宝藏湾、明日世界、梦幻世界、玩具总动员，并有许多全球首发游乐项目。七大主题园区充满郁郁葱葱的花园、身临其境的舞台表演、惊险刺激的游乐项目，其中还有许多前所未见的崭新体验，无论男女老少都能在这里找到快乐的天地。

迪士尼乐园是迪士尼公司旗下主题乐园的总称。世界第一家迪士尼乐园于 1955 年 7 月开园，由迪士尼公司的缔造者——华特·迪士尼亲自创办。20 世纪 20 年代，少年迪士尼在美国堪萨斯城生活，他的志愿是成为一个艺术家。为了实现自己的理想，迪士尼找到了一份为教堂作画的工作。不过由于报酬太低，因此他只能借用父亲一间破烂不堪的车库作为临时工作室，在画板上描绘他漫画家的梦想。一天，正在苦思冥想的迪士尼突然发现一只小老鼠瑟瑟缩缩地爬到桌子上偷吃东西，正处于人生寂寞与苦闷阶段的他看到这一幕迅速产生了共鸣，他并没有将这只小老鼠赶走，反而与它逗起乐来，不时拿东西喂它。久而久之，他们之间建立起了深厚的友谊，两个月后，那只小老鼠已经成为迪士尼身边最为亲近的朋友。无聊的时候，迪士尼总喜欢看着小老鼠的一举一动，研究它的每一个动作。

多年后，一个偶然的机会，迪士尼需要创造一个新的卡通角色，这时，那只善解人意的小老鼠突然在他的脑海中浮现出来。于是，迪士尼迅速画了几张老鼠的草图，朋友看完这几张图后大呼意外，这几张老鼠的草图就是米老鼠的原型。

讲解要诀

迪士尼乐园的游客，大多有青少年或儿童同行。此篇讲解词由提问互动导入，既活跃了气氛，也引起了游客的共鸣。通过数据对比，介绍了上海迪士尼的概况与特色，给人留下深刻的印象。最后，通过讲述创始人迪士尼创作的趣闻，既符合小游客的年龄特点，也是一种积极、乐观的榜样教育。

2. 注意细节

主题公园游览线路集中、时间集中，再加上基本上以家庭游客为主，都有儿童同行。所以，在进入公园前和游览过程中，导游员都应注意提醒游客相关的注意事项，如集合时间、集合地点、财物安全、人身安全、游览须知等，并叮嘱游客一定要听从公园服务人员的安排，遇事多咨询。

热情的服务人员

3. 适时介绍

主题公园游览时，游客更多的兴趣在各项游艺项目上，再加上排队等候的时间较长。所以，导游员应该眼观六路、耳听八方，在适当的时间推荐适当的项目，让游客能在有效游览时间内尽可能体验更多的特色项目。同时，在排队等候、途中行进的时候，适时为游客介绍公园的构成和项目的特色，并解答游客的疑问。

任务拓展

1. 以下是游客对某主题公园的评价，你若作为该主题公园的导游员，该如何做好游览提醒？

游客1点评：超级方便，扫码就进。当天有"七夕"活动，人超级多，晚上下小雨，烟火取消了，有些遗憾！

游客2点评：夏天办了××主题公园的家庭卡，带着女儿一起去玩，总体来说是比较满意的。不过在一个小朋友的游乐项目上，因为女儿实在喜欢，玩了一次以后就还想再玩，结果工作人员居然不准重复玩。虽然我顶着大太阳跑去投诉这个工作人员，但也没有得到满意的答复。

游客3点评：手续挺烦琐的，进园时要一个一个开包检查。不能自带零食和水杯，如果带了，要寄存在指定的地方，但却要收10元钱！

2. 以小组为单位，收集世界著名主题公园资料并制作成PPT，开展一次"乐园任我行"主题公园推荐会。

评价项目	评价内容及标准	分值	得分
精美度	PPT版面合理、设计精美、图文并茂	20分	

评价项目	评价内容及标准	分值	得分
信息量	PPT 内容丰富（概况、特色、经典项目、旅游须知等），信息准确	40 分	
现场效果	表达流畅，重点突出，脉络清晰，互动效果好	30 分	
团队合作	小组合作，人人参与，分工明确，效率高	10 分	
合计		100 分	

任务五　字字珠玑——导游词再创作

旅游业是当今世界的三大朝阳产业之一，它已成为标志着一个国家和一个地区政治稳定、环境优良、经济发展、开放程度的晴雨表。随着经济的升温，飞速发展的中国旅游业需要更多高层次的旅游服务与管理人才，包括高技能导游人员。

任务描述

小马接到旅游部下达的新任务，创编本地旅游景区的导游词，为了更好地配合旅游部开展业务推广，小马开始收集相关资料，她详细拟订了创编导游词过程中的工作要点：

（1）熟悉当地常规或热门旅游产品；

（2）收集与之相关的素材及信息；

（3）遴选、整合其中有效、准确信息；

（4）挖掘、拓展该旅游产品（景区）的文化内涵；

（5）创作（编）、修改完善导游词。

任务分析

导游词是导游员引导游客进行游览观光的讲解词。要通过内容丰富、妙趣横生的讲解，将眼前景物讲解给游客不是一件容易的事情，写好导游讲解词至关重要。只有运用了正确、生动、准确的讲解词，才能指点游客去发现眼前的美，从而理解和享受眼前的美。

一、对导游词的认识和理解

编写或创作导游词，是导游讲解的基础。导游词既是导游员引导游客游览的讲解词，是导游员与游客思想交流的重要途径，又是传播文化的载体。一篇优秀的导游词，不仅要对景观或事物本身有准确、清晰的描述，帮助游客由"未知"到"已知"，还要有适当的艺术加工和情感融入，引导游客将"观景""听景""赏景"融为一体。当下，研学旅行、乡村旅游、康养旅游等旅游新业态不断涌现，导游词也应适应新形势，因讲解内容、讲解对象、讲解背景的不同而有不同的要求。

一篇好的导游词应该具有以下三个功能。

（1）引导鉴赏。导游词的宗旨是通过对旅游景观绘声绘色的讲解、指点、评说，帮助游客欣赏景观，以达到游览的最佳效果。

（2）传播文化。通过导游词向游客介绍有关旅游胜地的历史典故、地理风貌、风土人情、传说故事、民族习俗、古迹名胜、风景特色，使游客增长知识，传播文化。

（3）陶冶情操。通过语言艺术和技巧，给游客勾画出一幅幅立体的图画，从而构成生动的意象，把游客带入一种特定的意境，从而达到陶冶情操的目的。

二、导游词创编应注意的事项

（一）举一反三，要有创新意识

在导游词的创作过程中，无论是自然景观还是人文景观，都应该遵循创新的原则，要选择新的内容、收集新的材料、立足新的角度、提出新的见解。要努力从崭新的视角思考和观察客观世界中的对象，不断获得新意，做到推陈出新。

（二）加强基础知识学习，增强文化底蕴

任何一个旅游景观，无论是自然风光还是名胜古迹，都有其广阔的社会背景、深厚的文化内涵，这也往往成为一个景观最具特色的地方。这就要求学习者在创作导游词的时候不断地加强学习，掌握景区景点的基础知识，不断发掘景区景点背后的历史背景，将其文化内涵充分展现在游客面前。

（三）创作结构严谨，有说服力

导游词的创作还要重视主题的确定和提炼。通过景观导游词的讲解，向游客表达思想和意图，激发游客的情感和认知，从而启发教育游客。所以在创作的过程中应该遵循事物的客观规律，反映社会生活的实际情况，不能随意捏造。

三、提高导游词创编能力的方法和途径

（一）掌握导游词写作的基本要求

由于性格、性别、语言习惯、文化素养乃至思想境界的不同，导游员创作的风格也不尽相同。我们鼓励导游词不断创新，但这不等于可以随便写，必须掌握下面六个基本要求。

（1）结构完整。导游词一般由三部分组成：第一部分为习惯用语，即游览前的欢迎辞和游览结束时的欢送辞；第二部分为整体介绍，即用概述法介绍旅游目的地，帮助游客宏观了解旅游目的地，激发游客兴趣；第三部分为重点讲解，即对主要游览内容的详细讲述，这是导游词最重要、最精彩的组成部分。

（2）知识准确。一篇优秀的导游词要有丰富的内容，提供的材料和情况要真实可靠，切忌弄虚作假；引用资料要做到准确无误，令人信服；引用的诗词典故、数字必须是确切真实的。而且这些内容要与旅游景观有直接的联系，不能含糊其词，更不能牵强附会，力争做到旁征博引，融会贯通，引人入胜。

（3）表达口语化。在导游词的创作中，要适应口语表达的特点，特别是在实际使用中，要能根据游客群体、游览季节的不同，使用不同风格的导游词，注意多用日常语言和浅显易懂的书面语言，以便讲起来顺口，听起来轻松。但强调导游语言的口语化，不意味着忽视语言的规范化，编写导游词必须注意语言的品位。

（4）生动形象，富有趣味。通过在讲解中穿插趣味盎然的传说和民间故事激起游客的兴趣，讲究语言艺术用词丰富多变，能做到风趣幽默，这是导游词艺术性的重要体现，可使气氛轻松活跃，调动游客情绪。考虑游客可能提出的各种问题，随机应变，临场发挥，充分体现导游技巧。

（5）重点突出。每个景点都有代表性的景观，每个景观又有从不同角度反映出它的特色内容，须在照顾全面的情况下，突出重点，面面俱到，没有重点的导游词是不成功的。

（6）针对性强。导游词必须因人而异，因时而变，要根据不同的游客以及当时的情景灵活使用，切忌不顾游客千差万别，导游词千篇一律，应在编写导游词时充分考虑到面对的游客群体，做到有的放矢。

（二）文化素养与综合素质的养成

"祖国江山美不美，全凭导游一张嘴"。这句话虽然片面，但也侧面说明了导游综合素养的重要性。宗教、古建、山水、美食都对导游员的审美能力提出了要求；游客的个性化需求对导游员的服务能力提出了要求；越来越多的不可预知的突发事件对导游员处理问题的能力提出了要求。因此，不但要加强导游员专业能力的培养和训练，更应该加强其文化和综合素养的培养和训练，使导游员这一职业成为可以不断充电的百科全书。

（三）勤看、多写，不断积累与进步

鼓励导游员用导游的职业眼光观察自己看到的事件和景物，运用发散性的思维不断总结和积累，用文字记录下来，用导游的方式表达出来。通过学习优秀的导游词范文，分析其长处，进行模仿写作，但要明白借鉴与创新的关系，只会模仿的人，只是工匠永远也成不了艺术家，要通过汲取他人的优点，不断丰富自己并形成自己独特的导游风格。

（四）善于比较，形成个人的导游特色与风格

导游员平时要多看语言性强的节目，如相声、评书、小品，学习各种语言类节目的讲话技巧。比如相声中的"抖包袱"，评书中对事物细节的表述等。同时还要注意语速的快慢、语调的高低、语音的轻重，以及肢体语、微笑语、目光语、服饰语的合理搭配与使用，以便更好地实现个人导游魅力与特色风格。

任务拓展

1. 组织全班同学到本地的旅游景区收集导游词创作的资料，以小组为单位制作成 PPT 或小报，在班级进行分享。

2. 原创自编一篇 5 分钟导游词，并进行讲解展示。评选出"金牌小导游"。

任务五　字字珠玑——导游词再创作

项目三
应变技能训练

  应变技能是导游员面对服务中出现的各种突发问题在现场灵活应对、妥善解决的能力，这也是导游员综合能力中关键的一环。导游员的服务对象是形形色色的游客，每位游客在旅途中都会有不同的要求和问题需要导游员帮助解决。解决的途径、方式，都需要导游员当机立断。出门在外，突发事件难以避免，导游员同样需要做好充分准备，按相关规范及时、有效地应对，将各种损失减小到最低程度。

（1）掌握游览活动中游客个别要求的处理知识、生活服务中个别要求的处理知识及游客投诉的预防和处理知识。

（2）掌握业务事故、个人事故、安全事故的预防和处理知识。

（3）学会妥善处理游客的各种个别要求。

（4）学会果断处理常见的旅游突发事件。

任务一　有的放矢——处理个别要求

游客的个别要求是相对于旅游团共同要求而言的。在一个旅游团中，游客的共同要求主要体现为旅游活动行程计划中包含的内容，它是游客在到达旅游目的地之前通过组团社与地接社之间以合同形式确定下来的。旅游团到达目的地后，某些未在合同中反映的或变化了的共同要求通过领队与全陪之间商讨并进行调整。所以，游客的个别要求指旅游团到达旅游目的地后的旅游过程中，个别游客或少数游客因旅游中的特殊需要临时提出的要求。

游客的个别要求多种多样，在时间上具有随机性。导游员在做好满足游客共同要求的同时，如何处理好这些个别要求，不但对导游员处理问题的能力是一个考验，而且是对导游员服务质量的一种检验。

任务描述

通过前面的实习锻炼，小马已经逐步熟悉天马旅行社的主要线路产品。一天，小马正在办公室学习产品手册。一位游客来到她所在的部门递交投诉资料。张经理让小马一起参与投诉的处理。交流过程中，小马发现游客对投诉的事由和过程叙述得非常清楚，尤其提到导游员对其饮食方面的特殊要求不予理睬，借故推诿。这是游客最不能接受的一点。张经理认真听取了游客的意见，并做了详细记录，在和游客坦诚沟通后，张经理承诺3个工作日内将处理意见反馈给游客。通过本次投诉接待，小马感觉受益匪浅：

（1）导游员应注意游客在旅游中个别要求的处理；

（2）导游员应注意沟通协调的技巧，切忌敷衍了事；

（3）接待投诉中，工作人员应强化换位思考意识；

（4）处理投诉时，旅行社应注意时效性；

（5）坦诚相待和责任心是处理投诉的关键。

任务分析

　　导游员在处理游客个别要求时，不仅要注意处理的方式、方法和技巧，还要遵循一些必要的原则，处理时应思路清晰，方法得当。对游客在旅途中提出的意见和建议，在导游员职权范围之内的，导游员应在行程中及时解决，不要留到行程结束后导致投诉。相互支持、共同担当是导游员处理与旅行社关系中至关重要的一环。

任务实施

一、游客个别要求的处理原则

　　导游员在接待中，游客的个别要求大致可以分为三种情况：一种是合理而可能的要求；另一种是合理而不可能的要求；还有一种是不合理的要求。对于这三种要求，导游员应分别按照不同的原则进行处理。

（一）努力满足需要的原则

　　尽量满足游客的需要是导游服务的基本原则，应贯穿于导游服务的始终。游客是导游员的主要工作对象，满足他们的要求，使他们愉快地度过旅程是导游员的主要任务。只要游客提出的要求是合理的，又有可能办到的，即使有困难，导游员也应尽最大努力予以满足。

（二）认真倾听、耐心解释的原则

　　游客提出的要求大多数是合情合理的，但有些要求虽然具有合理性，但过于苛刻，给导游员的工作增加了较大的难度。有些要求看似合理，但旅游合同上没有规定这类服务或在国内目前还无法提供这类服务。如国内游客在异地要求亲友或朋友随团，但旅游车上已无空座，游客仍然固执己见；游客要求导游员转递物品给当地朋友，但又不愿意打开包装共同检验等。

　　对上述要求，导游员一要认真倾听，不要没有听完就指责游客的要求过高或胡乱解释；二要微笑对待，不要一听到不顺耳的话就表示反感并恶语相向；三要耐心解释，对合理的但不可能办到的要求，要耐心地、实事求是地进行解释，不要以"办不到"为由一口拒绝。总之，对游客的这类要求，导游员应灵活有效地对待。

（三）尊重游客、不卑不亢的原则

旅游团中也会遇到无理取闹的人，他们故意提出一些要求来刁难导游员。对不合理的要求，导游员要礼让三分，冷静处事，始终坚持有理、有利、有节和不卑不亢的原则。在一般情况下，导游员对游客要以礼相待，不与其争吵，更不能与其发生正面冲突，以免影响旅游活动，造成不良影响。

若个别游客的无理取闹行为影响了旅游团的正常活动，导游员可请领队、全陪协助出面解决，或直接面对全体游客，请他们主持公道。这就要求导游员在平时应多向游客提供热情周到的服务，获得绝大多数理性游客的认可和信任。现场解决确实有困难时，导游员还可以向旅行社汇报，请其支援和协助。

二、生活服务中个别要求的处理

（一）游客餐饮个别要求的处理

1. 特殊的饮食要求

由于宗教信仰、生活习惯、身体状况等原因，有些游客会提出饮食方面的特殊要求，如不食荤腥及油腻、辛辣食物，不食猪肉或其他肉食，甚至不吃盐、糖等。如果游客所提要求在旅游协议书中明确约定，地接旅行社须早做安排，地陪在接团前应检查落实情况，按协议兑现。如果旅游团抵达后游客才临时提出，需视情况而定。一般情况下，地陪可与餐厅联系，在可能的情况下尽量满足；如确有困难，地陪可协助其自行解决。

2. 要求换餐

有时游客要求换餐，如将中餐换成西餐、便餐换成风味餐等。一般情况下，旅游团在用餐前3小时提出换餐要求，地陪应及时与餐厅联系，按旅行社与餐厅的约定办理；接近用餐时游客提出换餐，一般不应接受其要求，但导游员要做好解释工作；若游客仍坚持换餐，导游员可建议游客自己点菜，费用自理。游客用餐时要求加菜、加饮料的要求可以满足，但应告知其费用自理。

3. 要求单独用餐

个别游客要求单独用餐，导游员要耐心解释，并告诉领队、全陪请其协调；若游客坚持，导游员可协助其与餐厅联系，但餐费自理，并明确告知综合服务费不退。

4. 要求提供客房内用餐服务

若游客生病，导游员应联系饭店主动将饭菜送进游客房间以示关怀。若非特殊情况游客提出在客房用餐，如果餐厅能提供此项服务，可满足游客的要求，但应告知游客产生的送餐服务费需自理。

5. 要求自费品尝风味餐

旅游团要求外出自费品尝风味餐，导游员应予以协助，与有关特色餐厅联系订餐，并告知游客前往餐厅的路径和方式。

6. 要求推迟用餐时间

游客因生活习惯或其他原因要求推迟用餐时间，导游员可与餐厅联系，视餐厅的具体营业时间协调处理。

案例呈现

导游员满足入境游客用餐个性化需求

小马和一个来自德国的旅游团坐长江豪华邮轮游览长江三峡，一路上相处十分愉快。邮轮上每餐的中国菜肴都十分丰盛，且每道菜没有重复。但一日晚餐过后，一名游客对小马说："中国菜很好吃，我每次都吃得很多，不过今天我的肚子有点想家了，你要是吃多了我们的面包和黄油，是不是也想中国的大米饭？"旁边的游客也笑了起来。虽说是一句半开玩笑的话，却让小马深思。随后，小马与邮轮餐厅取得联系，说明了游客的情况，在餐费不变的情况下，提出第二天安排一顿西餐便餐的要求。第二天，当游客发现吃的是西餐时，都纷纷感谢小马细心和周到的服务。

案例点评

导游员小马能适当地安排地方风味，及时把握游客心理和动态，根据游客的用餐需求，快速采取措施，调整餐饮安排，是值得借鉴的。

（二）游客住宿个别要求的处理

旅游过程中，饭店是游客临时的家。对于游客在住宿方面的要求，导游员一定要尽力协助解决。

1. 要求调换饭店

旅游团到一地旅游时，入住什么星级的饭店在旅游合同中有明确规定，行程单中在什么城市下榻于哪家饭店也都写得清清楚楚。所以，地接社即使用同星级的饭店替代协议中标明的饭店，游客也会提出异议。

如果地接社未按协议要求安排饭店，或协议中的饭店确实存在卫生、安全等严重问题致使游客提出换饭店要求，地陪应与地接社联系，地接社应负责予以调换。如确有困难，可按照地接社提出的具体办法妥善解决，并向游客陈述具有说服力的理由，同时提出补偿条件。

2. 要求调换房间

根据不同原因，有不同的处理方法。

（1）房间卫生状况差，如有蟑螂、臭虫、老鼠等，游客提出换房应满足，必要时应向组团社汇报，要求地接社调换饭店。

（2）房间卫生达不到清洁标准，应立即打扫、消毒，如游客仍不满意，坚持换房，应与饭店有关部门联系予以满足。

（3）若游客对房间的朝向、层数不满意，要求调换另一朝向或另一楼层的同一标准客房时，若不涉及房间价格并且饭店有空房，可与饭店客房部联系，酌情予以满足，或请领队、全陪在团队内部进行调整。无法满足时，应耐心解释，并向游客致歉。在后续饭店的排房中，应注意满足游客以上要求。

（4）若游客要住高于合同规定标准的房间，如有，可予以满足，但应告之游客要自付房费差价。

3. 要求住单间

团队旅游一般安排入住标准间。由于游客的生活习惯不同，而要求住单间。导游员应先请领队、全陪进行内部调整。若内部调整不成，饭店如有空房，可满足其要求。但导游员必须事先说明房费差价由游客自理（一般由提出方付房费差价）。

4. 要求延长住店时间

由于某种原因（生病、访友、改变旅游行程等）而中途退团的游客提出延长在本地的住店时间。导游员应与饭店联系，若饭店有空房，可满足其要求，但延长期内的房费由游客自付。如原住饭店没有空房，导游员可协助联系其他饭店，房费由游客自理。

（三）娱乐活动方面个别要求的处理

富于地方民俗特色的娱乐活动是旅游行程中的亮点，导游员应根据旅游协议安排好团队的娱乐项目。同时，积极为游客自由活动时的娱乐项目出谋划策。

1. 要求调换计划内的文娱节目

凡在计划内注明有文娱节目的旅游团，地陪应按计划准时带领游客到指定娱乐场所观看演出。若游客提出调换节目，地陪应针对不同情况，本着"合理而可行"的原则，做出如下处理。

（1）如全团游客提出更换，地陪应与地接社计调部门联系，落实调换事宜，但不要在未联系妥当之前许诺；如地接社无法调换，地陪要向游客耐心做好解释工作，并说明票已订好，不能退换，请其谅解。如游客坚持退票，相应费用退还与否应根据双方合同约定办理。

（2）部分游客要求观看别的演出，处理方法同上。若决定分路观看文艺演出，在交通方面导游员可做如下处理：如两个演出点在同一线路上，导游员要与司机商量，尽量为少数游客提供方便，送他们到目的地；若不同路，则可以为他们协调安排车辆，但车费需游客自理。

游客希望改变行程去观赏民俗节庆活动

　　某旅游团早上到达某市,按计划上午参观景点,下午自由活动,晚上7:00观看文艺演出,次日乘早班机离开。抵达当天,适逢当地举行民俗节庆活动,并有通宵篝火、歌舞晚会等丰富多彩的文艺节目。部分团员提出,下午想去观赏民俗节庆活动,并放弃观看晚上的文艺演出,同时希望导游员能派车接送。

案例点评

　　游客的个别要求多种多样,对导游员的应变能力和处理问题的能力是一个考验。在解决此类问题时,导游员要本着合理而可能的原则,既要努力满足游客需要,又不违反旅游合同,同时把安全放在第一位,做好提醒和落实工作。

　　该案例可以这样处理:

　　(1)可以允许部分游客利用自由活动时间去观赏民族节庆活动;

　　(2)如果节庆活动地点与文艺演出地点在同一路线,且时间上不冲突,可以满足他们派车接送的要求。若不同路,应当为他们安排车辆,车费自理;

　　(3)参观民族节庆活动费用自理,放弃观看文艺演出费用不退;

　　(4)提醒游客注意安全,不要太晚回饭店,因次日要乘早班机离开,更不能通宵逗留;

　　(5)提醒游客尊重当地的民族风俗习惯;

　　(6)若游客自己回饭店,要提醒其记住回来的路线、饭店名称及电话号码;

　　(7)如果可能,地陪与全陪最好分开,分别陪同游客前往以上两个不同的活动地点。

2. 要求自费观看文娱节目

　　在时间允许的情况下,导游员应积极协助。以下两种方法导游员可酌情选择。

　　(1)与地接社有关部门联系,请其报价。将地接社的对外报价(其中包括节目票费、车费、服务费)报给游客,并逐一解释清楚。若游客认可,请地接社预订,导游员同时要陪同前往,将游客交付的费用上交地接社并将票据交给游客。

　　(2)如地接社无法预订,导游员应协助解决,提醒相关注意事项及返回时间,可帮助游客联系购买节目票,协助游客自行前往,费用由游客自理。如果游客执意要去大型娱乐场所或情况复杂的场所,导游员需书面提醒游客注意事项,必要时陪同前往。

（四）购物方面个别要求的处理

购物是旅游活动的重要组成部分，游客往往会有各种各样的特殊要求，导游员应按协议妥善安排，规范实施。如是行程中游客临时提出增加的购物场所，需要全体游客的书面同意，并告知有可能产生的旅游车服务费用。

1. 要求单独外出购物

（1）在自由活动时间内，导游员可积极协助，当好购物参谋。如建议去哪家大型综合商场、联系出租车等。

（2）在即将离开本地前，时间有限，导游员应予以劝阻，以防误机（车、船）。

2. 要求退换商品

个别游客购物后发现是残次品、计价有误或对物品不满意，要求导游员帮其退换。在不影响行程的前提下，导游员可积极协助，必要时陪同前往。

3. 要求再次前往某商店购物

游客欲购买某一商品，出于"货比三家"的考虑或对于商品价格、款式、颜色等犹豫不决，当时没有购买。后来经过考虑又决定购买，要求导游员帮助。对于这种情况，导游员应积极协助：在不影响团队整体安排的前提下，可陪同前往，车费由游客自理；若因工作原因，不能陪同前往可为游客提供协助，写明商店地址及欲购商品的名称，请其乘坐出租车前往，并按时返回。

4. 要求购买古玩或仿古艺术品

游客希望购买古玩或仿古艺术品，导游员应带其到正规的文物商店购买，购买后要提醒游客保存正式发票，在有出入境情况时，不要将物品包装上的火漆印或鉴定证明去掉，以便海关查验；游客要在地摊上选购古玩，导游员应劝阻，并告知我国法律的有关规定；若发现个别游客有走私文物的可疑行为，导游员须及时报告旅行社或有关部门。

5. 要求代办托运或快递服务

旅游购物商店一般都经营托运和快递业务，导游员应告诉购买大件物品的游客。若商店无托运快递业务，导游员应协助游客办理托运手续。

旅游购物

游客欲购买某一商品，但当时无货，请导游员代为购买并托运，对游客的这类要求，导游员一般应婉拒。实在推托不掉时，导游员要请示旅行社同意，一旦接受了游客的委托，导游员应在旅行社指示下认真办理委托事宜：收取足够的钱款（余额在事后由旅行社退还委托者），购物发票、托运单及托运费发票原件应寄给委托人，旅行社保存复印件，以备查验。

导游员帮助游客处理代购事宜

　　某旅游团一行 20 人参观浙江某陶器厂后乘车返回饭店。途中，旅游团成员刘先生对导游员小马说："我刚才看中一套茶具，但没拿定主意。跟太太商量后，现在决定购买。你能让司机送我们回去吗？"小马欣然应允，并立即让司机驱车返回陶器厂。在陶器厂，刘先生以 2 000 元买下茶具。但当店方包装时，刘先生发现茶具有瑕疵，于是决定暂缓购买。

　　两天后，该团离开浙江之前，刘先生委托小马代为订购同样款式的茶具一套，并留下 2 500 元作为购买和托运费用。小马本着"宾客至上"的原则，当即允诺下来。送走旅游团后，小马即与陶器厂联系办理了购买和托运茶具的事宜，并将购物发票、托运单、200 元托运手续费收据寄给了刘先生。

案例点评

　　"尽量满足游客的需求"，并不意味着导游员要满足游客的所有要求，对于贵重物品的代购是一个敏感话题，尤其是易碎的贵重物品，一旦出现问题，很难分清责任。导游员在处理此类问题时要慎之又慎，严格按照规定程序来处理，避免不必要的麻烦。小马在处理此事时，不妥之处在于：

　　（1）不应立即让司机开车返回，而应征求其他游客的意见；

　　（2）如果大家同意，可以去；如果大家不同意，应先回饭店，优先安排好其他游客后，再陪同刘先生前往商店购买。导游员也可让游客自行前往，可协助联络商家，取得地址、营业时间等信息，协助落实交通等事宜；

　　（3）对代购请求应婉拒，实在推脱不掉时，应请示领导，领导同意后代办；

　　（4）如确需代办，要事先与游客充分沟通，比如承运的快递公司、运费、保险、可能出现的意外情况等；代办后，将发票、托运单、托运费收据、余款等交旅行社，转交游客。

三、游览活动中个别要求的处理

　　团队行程安排中往往有自由活动时间，在集体活动时间内也有游客要求单独活动。导游员应根据不同情况，妥善处理。

（一）应劝阻游客自由活动的几种情况

　　（1）旅游团即将离开本地前，导游员要劝其随团活动，以免误机（车、船）。

（2）如地方治安不理想或游客拟前往人员复杂的地方，导游员要劝阻游客的自由活动，同时实事求是地说明情况。

（3）不宜让游客单独骑自行车去车水马龙的街头游玩。

（4）涉及海洋、河湖等水体旅游时，游客提出单独划船、乘坐摩托艇或在非游泳区游泳的要求，导游员应予劝阻，不能置旅游团于不顾而陪少数人去划船、游泳。

（5）游客要求去不对外开放的地区、机构参观游览，导游员应及时劝阻，并告知游客法律、法规的相应规定。

（二）允许游客自由活动时的几种情况

1. 游客要求某个时段或某一景点不随团活动

由于有的游客已来过目的地多次，或已游览过某一景点不想再重复游览，因而不想随团活动。游客要求不游览某一景点或某个时段离团自由活动，如果其要求不影响整个旅游团的活动，可以满足并提供必要帮助。

（1）导游员应提前说明如果不随团活动，旅游景点门票及相关费用不退还，需增加的各项费用自理。

（2）告诉游客用餐的时间和地点，以便其归队时用餐。

（3）提醒其注意安全，保护好自己的财物，保持随时联络。

（4）提醒游客带上饭店预订卡备用。

以上相关注意事项及离团须知需要书面记录，导游员、离团游客都需要签字确认，以明确双方责任。

2. 到游览点后要求自由活动

旅游团抵达某一景点后，若有个别游客希望不按规定的线路游览而自行游览或摄影，若环境安全有保障，可满足其要求。导游员要提醒其集合的时间和地点及旅游车的车牌号，必要时留一张字条，写明集合时间、地点和车牌号以及饭店名称和电话号码，以备不时之需。同样，相应的书面记录导游员、离团游客都需要签字确认。

3. 自由活动时间或晚间要求单独行动

导游员应建议其不要走得太远，不要携带太多现金和贵重物品（可免费寄存在前台），不要去有安全隐患的场所，不要太晚回饭店等。

同时，导游员应熟悉突发情况的应急预案，熟练掌握应对程序。

四、游客投诉的预防和处理

《中华人民共和国旅游法》的颁布，使得游客的维权有法可依。行业中，很多导游员都深有同感，游客对旅游维权越来越注意细节。投诉处理不好，会影响客户与旅行社的关系，有些投诉甚至会损坏旅行社的形象，给企业造成恶劣的影响。

投诉是"坏事"，更是好事，正是有游客的有效投诉，旅行社才会清楚地认识到接待服务中的各种缺陷。在某种意义上，游客的投诉是挑战，但更是旅行社完善产品质量的机会，关键在于如何理解和面对。如果旅行社视游客的投诉为灾难，那么经营中每天会背负沉重的压力；如果认识到投诉的积极作用，那么它就是促进旅行社提高服务水平的工具。旅行社和导游员以诚相待的处理，不仅能获得游客的谅解和信任，甚至会促成游客成为旅行社的长期忠诚客户。

（一）旅游投诉产生的原因

（1）导游员服务意识和服务技能问题。主要表现在导游员对游客不尊重、不热情、讲解差、态度生硬或工作不负责任，不能及时满足游客的合理要求等。

（2）产品其他环节问题：行程、住宿、餐饮、交通等安排不理想引起的投诉。

（二）游客投诉的目的

（1）获得尊重，希望投诉的问题能得到重视。

（2）维护权益，希望投诉的问题能得到解决，被侵害的权益能得到补偿。

（3）获得优秀服务，希望旅行社能提升服务质量，完善产品设计。

（三）投诉的正能量

（1）有效投诉可以让旅行社、导游员第一时间发现服务的缺陷和产品设计的短板。

（2）有效投诉是提供继续为游客服务的机会。

（3）有效投诉可以促进游客成为旅行社的长期理性客户。

（4）有效投诉可以促进旅行社、导游员的协调沟通水平的提升。

（四）旅游投诉的处理

（1）高度重视。游客提出投诉，是需要旅行社、导游员的关心与关切，而不是不理不睬或草率应付。游客希望自己的意见受到重视或善待，期待受理投诉的人真正关心他们的诉求或能替他们妥善解决问题。

（2）仔细倾听。聆听是一门艺术，从中旅行社相关工作人员和导游员可以发现游客的真正需求，从而获得处理投诉的重要信息。在聆听获取有效信息的同时，投诉受理人员应对游客的描述做详细记录。

（3）换位思考。游客需要公平的待遇，而不是埋怨、否认或找借口。受理投诉人员应仔细分析游客的投诉理由，换位思考投诉产生的原因，切忌一口否定，草率应付。

（4）调查了解。引导游客说出问题的重点后，有的放矢开展调查，并承诺游客反馈的时间期限。

（5）及时答复。游客投诉后，需要迅速与及时的反应，而不是拖延或沉默。游客希望听到"我会优先处理您的问题"或"如果我无法立刻解决您的问题，我会告诉您处理的步骤和时间"等负责任的答复。

（6）记录在案。好记性不如烂笔头。对游客提出的投诉做好详细记录是一种诚意的表态。这表明旅行社会在第一时间调查并给予答复。对记录内容双方应共同核实签字。

（7）积极改进。探询游客希望得到的解决办法。一旦获得双方认可，应第一时间解决投诉。如果游客不接受最初方案，应诚恳征求游客的意见和建议。不论工作人员是否有权现场决定，都让游客随时清楚地了解投诉处理的进程。如果工作人员无法现场解决问题，可推荐其他更合适的负责人到现场处理，并要主动代为联络。

任务拓展

1. 邀请两位从事导游工作的往届毕业生到班级，开展一次主题为"换位思考——如何满足游客的个别需求"的交流会。

2. 以小组为单位，从各地旅游执法网上收集关于导游服务缺陷、旅行社产品设计缺陷、旅行社或导游侵权的投诉案例，制作成资料手册。开展旅游投诉处理模拟演练，组员分别担任导游员、旅行社投诉受理人员和投诉游客。评出表现最佳的"投诉协调员"。

任务二　快速反应——应对突发事件

当今社会，旅游活动日渐成为人们日常生活的重要组成部分。旅游在提高人们生活质量、增加幸福指数的同时，也有助于人们陶冶情操、增长知识、增进沟通、提升素质，促进人的全面发展与和谐社会的构建。但旅游活动过程中，也存在各种可预见和不可预见的安全风险。自然灾害、事故灾难、公共卫生事件、社会安全事件、特种旅游安全事故等，在旅游业发展中都是不能回避的敏感话题。

旅游安全事故的发生，给广大游客的人身、财产安全造成了难以挽回的影响，所以，旅行社各方面都非常重视旅游安全事故的预防和处理，力求将各种损失减小到最低程度。"凡事预则立，不预则废"，在旅游活动的进行中，旅行社、导游员必须牢固树立安全意识、责任意识，提高自身和游客的自救、互救能力，切实防范和化解各类旅游安全风险。

最近一周，小马的主要任务是学习旅行社的《安全管理手册》及应急预案资料。临近暑期旅游旺季，又正逢当地进入雨季，天马旅行社各部门都格外强调团队安全的管理。专线部张经理安排小马配合接待一个赴当地著名自然保护区的摄影团，本团的线路经过区地形复杂，在山地有较长时间的行车与步行，还有一晚的野外宿营。为了更好地配合专业领队开展工作，小马仔细查阅了团队行程相关资料和安全事项要求。她详细列出了服务中的工作要点：

（1）收集线路沿途的交通信息和行程期间的天气资料；

（2）强化注意事项提醒，包括行车安全、宿营安全、随身必备药品、野外拍摄须知等；

（3）准备突发事件应急预案；

（4）收集高海拔地区常见疾病预防和应对资料；

（5）和旅游车驾驶员沟通线路情况；

（6）向随团医生请教急救常识。

旅游突发事件的发生对旅行社、导游员的应急、应变能力是一个巨大的考验。在日常接待中，旅行社必须把团队安全管理纳入常态化考评机制，警钟长鸣，防患于未然。同时，应加强员工的突发事件应对能力培训，从每一个团的接待做起，防微杜渐，通过日常的预防和精细化管理，杜绝因自身工作疏忽造成旅游事故发生的现象。

一、突发事件的处理原则

（一）旅游突发事件的类型

旅游突发事件主要分为自然灾害、事故灾难、公共卫生事件、社会安全事件、特殊旅游项目安全事件五类。

（1）自然灾害。主要包括旅游景区景点暴雨、洪水、暴雪、冰雹、台风、地震、山体崩塌、滑坡、泥石流、森林火灾等重大灾害。

地震的破坏力

（2）事故灾难。主要包括公路、水运、铁路、民航等旅游交通事故，影响或中断城市正常供水、供电、供油、供气等城市事故，通信、信息网络、特种设备等安全事故，以及重大环境污染和生态破坏事故等。

（3）公共卫生事件。主要包括突然发生，造成或可能造成游客健康严重损害的重大传染病（如鼠疫、霍乱、血吸虫、肺炭疽、大肠杆菌0157H7、传染性非典型肺炎等）、群体性不明原因疾病、重大食物中毒，重大动物疫情以及其他严重影响游客健康的事件。

（4）社会安全事件。主要包括恐怖袭击事件、经济安全事件、影响较大的针对性破坏事件以及规模较大的群体性事件等。

（5）特殊旅游项目安全事件。主要包括山地旅游、高原旅游、沙漠旅游、涉水旅游、高空旅游、滑雪旅游、自驾旅游中发生的安全事件。

（二）旅游安全事故的等级

根据旅游安全事故造成旅游者人身或财物的损失程度的不同，可将旅游安全事故分为轻微、一般、重大和特大事故四个等级。

（1）轻微事故指一次事故造成旅游者轻伤，或经济损失在1万元以下者。

（2）一般事故指一次事故造成旅游者重伤，或经济损失在1万～10万（含1万元）元者。

（3）重大事故指一次事故造成旅游者死亡或旅游者重伤致残，或经济损失在10万～100万元（含10万元）者。

（4）特大事故指一次事故造成多名旅游者死亡，或经济损失在100万元以上，或性质特别严重，产生重大影响者。

（三）旅游安全事故的处理原则

根据《中华人民共和国旅游法》第六章的相关内容，旅游安全事故的处理应遵循如下规定。

（1）县级以上人民政府统一负责旅游安全工作。县级以上人民政府有关部门依照法律、法规履行旅游安全监管职责。

（2）国家建立旅游目的地安全风险提示制度。旅游目的地安全风险提示的级别划分和实施程序，由国务院旅游主管部门会同有关部门制定。

（3）县级以上人民政府及其有关部门应将旅游安全作为突发事件监测和评估的重要内容。

（4）县级以上人民政府应当依法将旅游应急管理纳入政府应急管理体系，制订应急预案，建立旅游突发事件应对机制。

（5）突发事件发生后，当地人民政府及其有关部门和机构应当采取措施开展救援，并协助旅游者返回出发地或者旅游者指定的合理地点。

（6）旅游经营者应当严格执行安全生产管理和消防安全管理的法律、法规和国家标准、行业标准，具备相应的安全生产条件，制定旅游者安全保护制度和应急预案。

（7）旅游经营者应当对直接为旅游者提供服务的从业人员开展经常性应急救助技能培训，对提供的产品和服务进行安全检验、监测和评估，采取必要措施防止危害发生。

（8）旅游经营者组织、接待老年人、未成年人、残疾人等旅游者，应当采取相应的安全保障措施。

（9）旅游经营者应当就旅游活动中的下列事项，以明示的方式事先向旅游者作出说明或者警示：① 正确使用相关设施、设备的方法；② 必要的安全防范和应急措施；③ 未向旅游者开放的经营、服务场所和设施、设备；④ 不适宜参加相关活动的群体；⑤ 可能危及旅游者人身、财产安全的其他情形。

安全隐患

（10）突发事件或者旅游安全事故发生后，旅游经营者应当立即采取必要的救助和处置措施，依法履行报告义务，并对旅游者作出妥善安排。

（11）旅游者在人身、财产安全遇有危险时，有权请求旅游经营者、当地政府和相关机构进行及时救助。

（12）中国出境旅游者在境外陷于困境时，有权请求我国驻当地机构在其职责范围内给予协助和保护。

（13）旅游者接受相关组织或者机构的救助后，应当支付应由个人承担的费用。

二、业务事故的预防和处理

作为一名合格的导游员，不仅要具备独立工作的能力、组织协调的能力，还应具备处理和解决常见问题和特殊事故的应变能力。

问题、事故一旦发生，导游员必须当机立断、沉着冷静，在旅行社的指示下合情合理地处理一系列问题，力争将事故的损失和影响减少到最低限度。

当然，有时问题、事故的发生并不是导游员的责任，而是由于种种客观的原因所造成的，如天气原因致使飞机推迟或延误；旅行社计调部门某环节出了差错，导致漏接、空接或错接；交通堵塞，导致误机、误车；或由于游客本身的原因，导致走失、丢失物品，或摔伤、急病、死亡等。这些虽然不是由于导游员工作失误造成的，但却是对导游员工作能力和独立处理问题能力的重大考验。

任务二　快速反应——应对突发事件

（一）漏接的预防和处理

造成漏接的原因是多方面的。导游员必须以预防为主，不论是什么原因，问题出现后要果断、正确地处理。

漏接指旅游团抵达后，无导游员迎接的现象。造成这种事故的原因有主观原因和客观原因两种。

1. 主观原因造成的漏接

（1）工作不细致。导游员没有认真阅读接待计划，对旅游团抵达的日期、时间或地点未准确核实。

（2）迟到。导游员没有按规定时间提前抵达接站地点。

（3）没看变更记录。只阅读接待计划，没阅读变更记录，仍按原计划接站。

（4）没查对新的航班时刻表。特别是新、旧时刻表交替时，想当然的仍按旧时刻表接站。

（5）导游员举牌接站的地方选择不当。

一旦发生漏接，导游员应立即行动，弥补过失。

具体处理方法是实事求是地向游客说明情况，诚恳地赔礼道歉，求得谅解；如果有费用问题（如游客乘出租车到饭店的车费），应主动将费用赔付给游客；提供更加热情周到的服务，高质量地完成计划内的全部活动内容，以求尽快消除因漏接给游客造成的不愉快情绪。

2. 客观原因造成的漏接

（1）由于种种原因，上一站地接社将旅游团原定的班次或车次变更而使旅游团提前抵达，但漏发变更通知，造成漏接。

（2）地接社已接到变更通知，但有关人员没能及时通知该地接社导游员，造成漏接。

（3）旅游车司机迟到，未能按时到达接站地点，造成漏接。

（4）由于交通堵塞或其他预料不到的情况发生，未能及时抵达机场（车站），造成漏接。

具体处理方法是立即与地接社联系，告知情况，说明原因；耐心向游客做好解释工作，消除误解；尽量采取弥补措施，使游客的损失减少到最低限度；必要时请地接社领导出面赔礼道歉，或酌情给游客一定的物质补偿。

3. 漏接的预防

每一名导游员都应该深知"第一印象"的重要性。无论何种原因造成漏接，都会给以后的工作带来不利影响。因此，有效的预防尤为重要。

（1）认真阅读接待计划，仔细查阅变更通知。导游员接到任务后，不仅要认真阅读接待计划，而且还要详细阅读原始计划和变更通知，尤其后者更为重要。

（2）仔细核对一切相关事宜。对游客名单、抵达日期、地点、入住饭店等，导游员务必亲自核对并同时核对交通工具到达的准确时间。

（3）与司机联系。与司机核对出发时间、集合地点。

（4）再次核实确切时间。游客抵达当天，导游员应与地接社有关部门再次联系，核实该团是否有新的变更通知，并及时与机场、车站联系，核对确切时间。

（5）按规定应提前至少半小时到达接站地点。

（二）错接的预防与处理

错接指导游员在接站时未认真核实，接了不应由他来接的旅游团。错接属于典型的导游服务责任事故。

1. 错接的预防

（1）导游员应提前到达接站地点迎接旅游团。

（2）接团时认真核实。导游员要认真逐一核实旅游客源地组团旅行社的名称、旅游团的编号、人数、领队或全陪姓名、下榻饭店等。

（3）提高警惕，严防社会其他人员非法接走旅游团。

2. 错接的处理

从 2018 年 7 月 1 日开始，全国旅游监管服务平台已全面启用。

从业导游员需要在监管服务平台申领电子导游证，并在执业过程中携带电子导游证、佩戴导游身份标识、开启"全国导游之家"App。

电子导游证和导游 App 为游客了解和评价导游执业情况提供了便捷，同时使旅游执法部门可以实时掌握旅游团的活动轨迹，预警导游员擅自变更行程。

在旅游监管服务平台的相关记录中，旅游团团号与该团配备的导游员信息已有录入登记，未经旅行社申报和管理后台审批，不允许导游员私自调换接待团队。旅游执法部门在检查中，也会以此为依据来核对团队信息与导游员信息是否匹配。

所以，根据这一管理体系，当接团现场的错接事故已经发生后，导游员应做如下处理：

（1）应立即向旅行社相关工作人员汇报，设法尽快交换旅游团；

（2）应及时向游客说明情况并诚恳致歉；

（3）在后期行程中，努力以更优质的服务重新赢得游客对旅行社和导游员的信任。

三、个人事故的预防和处理

（一）游客走失的预防和处理

在参观、游览或自由活动时，旅游团中游客走失的情况时有发生，原因有很多种，不一定全是导游员的责任。无论哪种原因造成游客走失都会影响游客的情绪，严重时会影响旅游计划的完成，甚至会危及游客的生命和财产安全。导游员必须加强责任心，防止此类事故的发生。

1. 做好各种预防工作

（1）导游员每天都要向游客预告一天的行程，讲清上、下午的游览地点，中、晚餐用餐的地点和餐厅的名称。

（2）下车后进入游览点之前，地陪要告知全体游客旅游车的停车地点、车号及车的特征，并强调集合时间。

（3）进入游览点后，在景点的导览图前，地陪要向游客介绍游览路线、所需时间、集合的时间、地点等。

（4）与领队、全陪配合，经常分点人数。导游员要全程与游客在一起，注意游客的动向。导游员要以丰富的讲解内容和高超的导游技巧吸引游客。导游员讲解的内容是否丰富，导游技巧是否运用得好，直接关系到游客的注意力是否集中。

（5）做好提醒工作。游客单独外出时，地陪要提醒游客记住地接社的名称、导游员的联系方式、下榻饭店的名称及电话号码或带上饭店的预订卡等。

（6）自由活动时，导游员要建议游客最好结伴同行，不要走得太远；提醒游客不要回饭店太晚，不到秩序混乱的地方。

2. 游客走失的处理

游客在游览活动中走失的处理：

（1）了解情况，迅速寻找。地陪应立即向团内其他游客了解情况并请领队、全陪协助，向景区工作人员求助，并迅速分头寻找，自己带领其他游客继续游览。

（2）争取有关部门的协助。如游客无法取得联系，同时经过认真寻找仍然找不到走失的游客时，地陪可向游览地的管理部门求助，同时与该团下榻的饭店前台联系，询问该游客是否已回饭店；如采取以上措施仍找不到走失的游客，地陪应向地接社及时报告并请求帮助，必要时经领导同意向公安部门报案。

（3）做好善后工作。找到走失的游客后，导游员应问清情况、分析走失的原因。如是自己的原因，应向游客及时道歉；如责任在走失者，在安慰游客的同时，导游员更应讲清利害关系，提醒重视，防止类似情况再次发生。

（4）写出事故报告。如发生严重的游客走失事故，导游员应写出书面报告，内容包括游客走失的经过、走失原因、寻找的经过、善后处理及游客的反应等详细情况。

游客在自由活动中走失的处理：

（1）报告旅行社。如游客长时间失联，地陪可寻求地接社工作人员的协助，通过有关部门通报管辖区的公安局、派出所和交通部门，尽量详细地提供走失游客的特征和相关情况，请求沿途寻找。

（2）做好善后工作。找回走失游客后，导游员应问清情况，警示全团引以为戒，避免此类事故再次发生。

（二）游客患病的预防与处理

1. 游客患病的预防

游客从居住地到旅游目的地，经过长途旅行，加上气候变化、水土不服、起居习惯改变等原因，体力消耗较大，团中年纪大、有慢性病、体质弱的游客较难适应，甚至会在旅途中旧病复发、生病甚至死亡。导游员应从多方面了解游客的身体状况，照顾好他们的生活，经常关心、提醒，避免人为的原因致使游客患病。

（1）了解旅游团成员的健康状况。导游员可以通过多方面了解本团游客的健康状况，做到心中有数。接团前通过研究接待计划和游客的健康声明了解本团成员的年龄构成和大致的健康状况；从接到旅游团时起，地陪可从领队或全陪处了解团内有无需要特殊照顾的患病游客；在游客之间进行了解；通过察言观色对身体肥胖或瘦弱，走路缓慢，面部表情和举止异常的游客多关心，预防游客突发疾病。

（2）周密安排游览活动。导游员实施活动计划时要留有充分的余地，旅游节奏不要太快，做到劳逸结合；体力消耗大的项目不要集中安排；晚间活动安排时间不宜过长。

救助游客

（3）做好提醒、预报工作。地陪应做好天气预报工作，要根据每天的天气预报提醒游客增减衣服、是否携带雨具、穿戴适宜的鞋帽等；提醒游客注意饮食卫生。不吃不洁食物，不喝生水；气候干燥或在盛夏时，提醒游客多喝水；适当调整游览时间，保证游客有充分的休息时间。

2. 游客患一般疾病的处理

（1）劝其及早就医并多休息。游客患一般疾病时，如服用了常规药物后仍未缓解，导游员要劝其及早去医院诊断，并考虑留在饭店内休息；如有需要，导游员应陪同患者前往医院就医。

（2）关心游客的病情。如果游客留在饭店休息，导游员要前去询问其身体状况并安排好用餐，必要时通知餐厅为其提供送餐服务。

（3）向游客讲清看病费用自理。

（4）严禁导游员擅自给患者用药。

3. 游客突患重病的处理

（1）旅游途中游客突患重病，导游员应采取措施就地抢救，请求机组人员、列车员或船员在飞机、火车、轮船上寻找医生，并通知下一站急救中心和旅行社准备抢救。若乘旅游车前往景点途中游客患重病，必须立即将其送往就近的医院，必要时暂时中止旅游，让旅游车先到医院；还应及早通知旅行社，请求指示和派人协助。游客在饭店患重病时，先由饭店医务人员就地急救，然后送医院抢救。

（2）游客病危时，地陪应立即协同领队、全陪和患者亲属送病人去急救中心或医院抢救，或请医生前来抢救。患者如系国际急救组织的投保者，地陪还应提醒领队及时与该组织的代理机构联系。

（3）在抢救过程中，地陪应要求领队、全陪或患者亲属在场，并详细记录患者患病前后的症状及治疗情况。需要签字的，地陪应请患病游客的亲属或领队、全陪签字。地陪还应向当地地接社汇报情况。

（4）若游客病危但亲属不在身边时，地陪应提醒领队、全陪及时通知患者亲属。患者亲属到来后，地陪应协助其解决生活方面的问题。地陪应安排好旅游团其他游客的活动，地接社相关工作人员抵达后，地陪应继续带团完成行程。

（5）患病游客住院及医疗费用自理，离团住院时未享受的综合服务费由旅行社及时结算，按合同约定退还本人。

（三）游客死亡的处理

出现游客死亡的情况时，导游员应立即向旅行社报告，由旅行社按照国家有关规定做好善后工作；这时导游员应稳定其他游客的情绪，并继续做好旅游团的接待工作。

游客如系非正常死亡，导游员应注意保护现场并及时报告当地公安部门和旅行社。

1. 游客非正常死亡的处理

遇到这类事故，导游员要沉着冷静，做好如下工作：

（1）与死亡现场所属单位密切配合，保护好现场；

（2）立即报告旅行社、公安部门和所属保险公司；

（3）相关机构工作人员来调查时，要密切配合，协助调查。

2. 游客因疾病等原因死亡的处理

（1）立即报告。导游员应立即报告旅行社。

（2）做好善后。在旅行社领导的指示下做好善后工作。

（3）通知亲属。如死者的亲属不在身边，旅行社应设法通知其亲属，如死者的亲属系外籍人士，应提醒领队或经由外事部门及早通知死者所属国驻华使、领馆。

（4）遗物清理。死者的遗物由其亲属或领队、死者生前好友代表、全陪、地接社代表共同清点，列出清单，一式两份，上述人员签字后分别保存。遗物由死者的亲属保存或领队带回或交使、领馆暂时保存。

（5）稳定情绪。导游员应稳定旅游团其他游客的情绪，合理安排活动；如其他游客意见统一，导游员要带领旅游团继续旅游，完成行程。

（6）通报死因。联系参加抢救的医生，及时向死者亲属、领队或死者所属国家驻华使、领馆详细报告抢救患者的经过，写出抢救经过报告、死者诊断证明书，由主治医师签字后盖章复印，分别交给领队、旅行社和死者的亲属或驻华使、领馆。

（7）关于遗体处理。务必尊重死者亲属的意见。遗体火化前，应由死者的亲属或领队写出火化申请书，交地接社保留。死者的亲属要求将遗体运送回国，除需办理相关手续外，还应由医院对尸体进行防腐处理，由殡仪馆成殓，并发装殓证明书。

四、安全事故的预防和处理

（一）自然灾害应急

1. 洪水

洪水突如其来时，导游员要带领旅游团迅速到附近的山坡、高地、屋顶、楼房高层、大树等高的地方暂避。

导游员要设法尽快发出求救信号和信息，报告自己的方位和险情，积极寻求救援。

提醒游客落水时要寻找并抓住漂浮物，如门板、桌椅、床板、大块的泡沫塑料等。

洪水的危害

汽车进入水淹地区时，导游员要注意提醒司机水位不能超过驾驶室，要迎着洪水驶向高地，不能让洪水从侧面冲击车体。

提醒全团不要惊慌失措；不要攀爬电线杆、高压线塔；不要爬到泥坯房房顶上。

2. 地震

地震发生后，在室内，要引导团员选择易形成三角空间的地方躲避，可躲到内墙角或管道多、整体性好的卫生间、储藏室和厨房等处。不要躲到外墙窗下、电梯间，更不要慌乱地选择跳楼逃生。

在公共场馆里，应迅速指挥旅游团就近"蹲下、掩护、抓牢"或就近躲在柱子、稳固的大型物品旁；身处门口时可迅速跑出门外至空旷场地；在楼上时，要找准机会逐步向底层转移。

在室外，要尽量远离狭窄街道、高大建筑、高烟囱、变压器、玻璃幕墙建筑、高架桥以及存有危险品、易燃品的场所。

在行驶的汽车、电车或火车内，应提醒团员抓牢扶手避免摔倒，降低重心，躲在座位附近，不要盲目跳车，应等地震过后再下车。

指挥团员用湿毛巾、衣物或其他布料捂住口、鼻和头部，防止灰尘呛闷发生窒息。

指挥团员寻找和开辟通道，朝着有光亮、宽敞的地方移动；不要乘电梯逃生。

告诫团员如一时无法脱险，要节省力气，静卧保持体力；不要盲目大声呼救；多活动手脚，清除脸上的灰土和压在身上的物件。

无论在何处躲避，如有可能应尽量用棉被、枕头、书包或其他软物体保护好头部。

3. 海啸

地震是海啸发生的最早信号，从地震到海啸的发生有一个时间差，要利用时间差进行避险和逃生。

如发现潮汐突然反常涨落，海平面显著下降或者有巨浪袭来，应指挥旅游团快速撤离。

海啸发生前海水异常退去时往往会把鱼虾等许多海洋生物留在浅滩，场面蔚为壮观，但此时千万不要去捡鱼虾或看热闹，应带领旅游团迅速离开，向陆地高处转移。

海啸发生时不幸落水：要尽量抓住大的漂浮物，注意避免与其他硬物碰撞；海水温度偏低，不要脱掉外套；尽量不要剧烈、长距离游泳，以防体内热量过快散失；切忌喝海水，因为海水不能解渴，反而会让人出现幻觉，导致精神失常甚至死亡；要尽可能向其他落水者靠拢，以扩大目标，让救援人员发现。

公路护坡

4. 泥石流、山体滑坡

发现有泥石流、山体滑坡迹象，要指挥旅游团迅速下车，向两边稳定区逃离。如遇飞石可躲在公路两侧山体防护坡下，不要沿着山体向上方或下方奔跑。

不要躲在有滚石和大量堆积物的山坡下面。

不要停留在低洼处，也不要攀爬到树上躲避。

5. 台风

尽快转移到坚固的建筑物或底层躲避风雨。

旅游团避免外出，必须外出时应穿较为鲜艳的衣服，并在随时能抓住固定物的地方行走。

在外行走，要尽量弯腰将身体缩成一团，扣好衣扣，必要时应匍匐前进。

6. 雷电

导游员要提醒旅游团成员雷电时不要在旷野中、单独的小屋中、孤立的大树下、电线杆旁、高坡上躲避雷雨；团员不要赤脚站在水泥地上，不要打电话，不要使用带有外接天线的收音机；要远离铁轨、长金属栏杆和其他庞大的金属设施，避免站在山顶、制高点等场所；多人一起在野外时，彼此隔开一定距离，不要挤在一起。

项目三　应变技能训练

7. 暴雨

如遇暴雨，导游员要提醒团员在积水中行走时，要注意观察，尽可能贴近建筑物；在山区，当上游来水突然混浊、水位上涨较快时，要注意防范山洪、泥石流；室外积水漫入室内时，应立即切断电源。

8. 大雪

遇大雪天气时，要减少外出活动，及时调整出行计划；不要待在不结实、不安全的建筑物内；行走时最好穿软底或防滑鞋，尤其是要做好冻伤、雪盲等的防护。

9. 高温

导游员提醒团员多喝水，少吃多餐，适当多吃苦味和酸性食物；行程中，避免剧烈运动，可用凉水冲手腕降温；日间需小睡补充体力；注意防晒，携带遮阳伞。

（二）事故灾难应急

1. 道路交通事故

旅游车与其他机动车发生事故后，导游员要及时报警，保护现场，并记下肇事车辆的车牌号。

与非机动车发生交通事故后，在不能自行协商解决的情况下，应立即报警。

先救人后救物，先救命后救伤，先抢救重伤员再抢救轻伤员。

对受伤者进行常识性的受伤部位检查，及时止血、包扎或固定。

注意保持伤者呼吸通畅；如果呼吸和心跳停止，要立即进行心肺复苏抢救。

发生重大交通事故时，不要随意翻动伤者，要立即拨打120和110求助。

事后，导游员应写出书面报告，记录事故发生的经过及导游员的处理措施。

2. 水运事故

发生水运事故时，要指挥团员利用救生设备逃生。

紧急情况下必须跳水逃生时应采取以下应急措施：

跳水前尽一切可能发出遇险求救信号，跳水前尽可能向水面抛投漂浮物，如空木箱、木板、大块泡沫塑料等，多穿厚实保温的衣服，系好衣领、袖口；应穿上救生衣。

跳水时不要从5米以上的高度直接跳入水中；可利用绳索等滑入水中。两肘夹紧身体两侧，一手捂鼻，一手向下拉紧救生衣，深呼吸，闭口，两腿伸直，直立式跳入水中。

跳水后尽快游离遇难船只，防止被卷入旋涡。如果发现四周有油火，可脱掉救生衣，潜水游到上风处；到水面上换气时，先用双手将头顶的油和火拨开再抬头呼吸。不要将厚衣服脱掉；如果没有救生衣，尽可能以最小的运动幅度使身体漂浮；会游泳者可采用仰泳姿势。尽可能在漂浮物附近。两人以上跳水逃生，要尽可能靠在一起，减少热量散失，也易于被发现。

3. 铁路、轨道交通事故

发生事故后，旅游团要听从工作人员的统一指挥，待列车停稳后，在工作人员的组织下，有序地向车厢两端紧急疏散。不要盲目跳车，以防摔伤或被其他列车撞伤。

撞车瞬间，要两腿尽量伸直，两脚踏实，双臂护胸，手抱头，保持身体平衡。

4. 航空事故

登机后，要提醒团员熟悉机上安全出口，听、阅有关航空安全知识。

遇空中减压，要立即指挥团员戴上氧气面罩。

飞机紧急着陆和迫降时，要保持正确的姿势，如弯腰，双手在膝盖下握住，头放在膝盖上，两脚前伸紧贴地板；听从工作人员指挥，迅速有序地由紧急出口滑落地面。

舱内出现烟雾时，要把头弯到尽可能低的位置，屏住呼吸，用水浇湿毛巾或手帕捂住口、鼻后再呼吸，弯腰或爬行到出口处。

若飞机在海洋上空失事，要立即穿上救生衣。

5. 火灾

宾馆火灾逃生

火灾发生时，导游员应及时拨打 119 报警；小火应立即扑救，如果火势扩大，应迅速指挥旅游团撤离。

逃生时应准确识别疏散指示方向，千万不要拥挤，快速逃离火场。

火场逃生过程中，要一路关闭背后的门。

火灾发生时，切不可搭乘电梯逃生，更不要盲目跳楼逃生。

如果烟雾弥漫，要用湿毛巾掩住口鼻呼吸，降低身体姿势，沿墙壁边爬行逃生。

当衣物着火时，最好脱下或就地卧倒，用手覆盖脸部并翻滚压熄火焰，或跳入就近的水池，将火熄灭。

夜间发生火灾时，应立刻叫醒熟睡的团员，尽量大声喊叫，提醒其他人逃生。

一旦发现自己身处森林着火区域，应准确判断风向和火灾蔓延方向，逆风逃生。

如果被大火包围在半山腰，要绕开火头快速向山下跑，切忌往山上跑。

6. 拥挤、踩踏事故

导游员保持冷静，提高警惕，不要受周围环境影响。

指挥旅游团，有序撤离。

发觉拥挤的人群向旅游团撤离的方向过来时，应立即指挥旅游团避到一旁，切记不要逆着人流前进。

陷入拥挤的人流时，要远离店铺、柜台的玻璃或者其他危险物。

提醒团员若被人群挤倒，则设法靠近墙角，身体蜷成球状，双手在颈后紧扣以保护身体。

特别注意旅游团中的小孩。

（三）公共卫生事件应急

1. 食物中毒

带团过程中注意饮食、饮水卫生，提醒游客尽量不要在路边摊点就餐，少吃、不吃生、冷食物。

若发现食物中毒人员，要告知团员立即停止食用可疑食品，即刻拨打急救电话。

食物中毒应急

如有条件可采用催吐的方法，用筷子、勺把或手指压食物中毒游客的舌根部，轻轻刺激咽喉引起呕吐，以吐出导致中毒的食物。

大量喝水，可以是淡盐水，以稀释毒素。

保留好可疑食物、呕吐物或排泄物，供化验使用。

如症状严重，应立即将团员送医院救治。

事后，导游员应写出书面报告，说明事故发生经过和导游员的处理措施。

2. 流行性感冒

旅游期间（特别是流感流行季节）要劳逸结合，注意保暖，防止受凉；提醒团员房间要经常通风换气，保持清洁。

团员有流感症状时，要注意多休息、多喝水。

提醒流感病人应自觉与同行游客保持一定程度的隔离（佩戴口罩、分开吃住）；流感病人的擤鼻涕纸和吐痰纸要包好，扔进加盖的垃圾桶，或直接扔进抽水马桶，用水冲走。

若怀疑团员患有流感应及时就医，并告知医生相关旅行史或接触史，帮助医生诊断。

（四）社会安全事件应急

1. 恐怖事件

（1）及时报警。导游员应第一时间向就近的工作人员报警或通过报警器向警方报警，并迅速疏散周围的人员。报警时，避免使用无线电通信工具，以免引爆无线电遥控的爆炸物。

（2）合理应对。根据恐怖事件的情况及其所在位置要采取不同的紧急处置方法：对于爆炸恐怖事件，应指挥团员脸朝下且头部背向爆炸物就地卧倒，或尽量选择安全位置躲避；

对于生物、化学恐怖事件，应立即离开污染区域，不接触可疑物品，要尽快实施自我防护，如利用随身携带的物品遮蔽面部，尤其是口鼻部位，遮盖或减少身体裸露部分；对于劫持恐怖事件，要沉着冷静、机智灵活应对恐怖分子，避免现场态势进一步恶化。

（3）迅速撤离。在工作人员或警方的组织下，保持镇静，听从指挥，按规定的路线迅速、有序地带领旅游团撤离现场。撤离时，不要相互拥挤，以免堵塞出口、发生骚乱或引起踩踏事故。

2. 抢劫

导游员应随时注意周围状态，发现可疑人员时应及时提醒团员。

导游员应保持镇定，迅速做出合理反应，最大限度地保护游客的人身安全。

若无能力制服，可保持距离追赶并大声呼救，以求援助，同时让团员第一时间报警。

追赶不及的，应看清作案人的逃跑方向和有关衣着、发型、动作等特征。

事后，导游员应写出书面报告，说明事件发生经过和导游员的处理措施。

任务拓展

1. 邀请当地红十字会工作人员进课堂，开展一次"旅途紧急救护"主题班会，学习紧急救护知识和技能，提高自救和互救能力，评出表现最佳的"紧急救护员"。

2. 收集国家文化和旅游部发布的旅游安全和旅途突发事件应对宣传资料，以小组为单位制作成 PPT 或小报，并在班级进行分享交流。

项目四
带团技能训练

　　旅行社接待业务中的特殊团队一般指团队的组成人数、团员职业、年龄结构、行程安排、旅游目的等方面具有非常规团特征的群体。常见的特殊旅游团队包括青少年研学团队、商务考察团队、银发团队等类型。特殊团队的接待要求比常规团队更细致、更个性，导游员在服务中必须注意针对性服务的实施，尤其强调细心、耐心、精心、责任心。

项目目标

（1）掌握研学团队、商务考察团队、银发团队的导游服务标准和技巧，能提供标准化服务，为针对性服务打下基础。

（2）熟悉研学团队、商务考察团队、银发团队的特点。

（3）了解研学团队、商务考察团队、银发团队的典型出游线路产品。

任务一　寓教于游——研学旅行重育人

近年，研学旅行已渐渐成为各地教育旅游市场的一个热点。2016年11月，教育部等11个部门联合出台《关于推进中小学研学旅行的意见》，提出中小学切实开展研学旅行，逐步建立以乡土乡情、县情市情、省情国情为主的研学旅行活动课程体系。

目前，我国研学旅行进入了一个快速发展阶段，学校、旅行社、研学培训机构与留学机构之间开始实现跨界的融合。这中间，有体验与学习的融合，有文化与旅行的融合，有校内小课堂与河山大课堂的融合，更有行万里路与读万卷书的融合。这种融合，代表了一种教育理念的更新与升级。全社会一起关注"创新、协调、绿色、开放、共享"的发展理念，共同落实立德树人根本任务，一起合力帮助中小学生了解国情、热爱祖国、开阔眼界、增长知识，着力为提高他们的社会责任感、创新精神和实践能力创设更好的平台。

在导游带团实践中，小马发现很多家长和孩子对研学旅行很感兴趣。旅行社在下半年的市场拓展中，也将研学旅行市场作为拓展重点。小马需要了解研学旅行团队运作的相关资料。于是，在部门经理的指导下，她详细拟订了下一步的工作（学习）计划：

（1）收集国际、国内典型研学旅行产品的资料，形成自己的研学资料库；

（2）了解本地典型研学旅行常规产品的组成；

（3）请部门经理帮助拟出了解研学旅行产品的参考书目；

（4）学习、积累教育学、心理学相关知识；

（5）参加一次同行旅行社开展的研学旅行服务质量培训。

任务分析

研学旅行是集体验性、参与性、知识性、教育性于一身的旅行活动。这中间，既有旅游，更有学习。除了面向广大中小学生，和课本学习配套的研学旅行产品外，还有针对特种课题，如动植物、地质、高精尖产业、博物馆、红色教育基地等，开发的特色研学旅行产品。

新的市场需求催生新的服务。服务研学旅行团，要求导游员善于掌握新的服务标准和理念，对研学旅行的教学计划设计和教学目标达成有一定了解，将安全知识、文明礼仪作为讲解的重要内容，随时提醒、引导学生安全旅游、文明旅游。服务期间，更应结合教育要求，开展针对性、互动性、趣味性、启发性和引导性的讲解服务。

任务实施

一、我国研学旅行的现状

在新时期文旅融合升级的背景下，以"旅行＋教育"为代表的行业跨界创新进一步推动着研学旅行和营地教育等素质教育新模式的发展。2017—2019年间，多个省份相继启动了本地研学旅行发展的工作，广东、安徽、浙江、陕西、山东、湖北等省相继发布关于推进中小学研学旅行的实施意见和通知。

根据中国旅游研究院发布的《中国研学旅行发展报告》显示，在国民收入不断提高和休闲消费兴起的背景下，随着素质教育理念的深入与人口政策的放开，在自上而下的政策催化，以及旅游产业跨界融合的浪潮下，研学旅行市场不断释放活力。在市场迅猛增长的需求驱动下，研学旅行行业内部出现了更为丰富的市场主体，在消费多元化与升级提质需求的驱动下，研学旅行产品的丰富化、标准化、立体化、创新化等方面都存在极大的提升空间。

随着研学旅行成为在校学生的刚需，未来5年内研学旅行的学校渗透率将迅速提升。与此同时，研学旅行通过融入教育元素，创造更多价值，并与普通旅游产品形成差异化竞争。在实施中，作为旅游从业者，应该更仔细地分析研学旅行消费者的核心诉求，进一步完善研学旅行核心产品体系、优化目的地和示范基地建设、提升研学旅行运营质量，努力在规划布局和标准化建设、资金支持和投资优惠、市场培育和安全保障等方面获得更多的跨部门政策保障。

二、研学旅行基础知识

（一）研学旅行的概念

根据国家旅游局（现文化和旅游部）在 2016 年 12 月 19 日发布，于 2017 年 5 月 1 日实施的《研学旅行服务规范》（LB/T054—2016）中的表述，研学旅行的定义可以界定为研学旅行是以中小学生为主体对象，以集体旅行生活为载体，以提升学生素质为教学目的，依托旅游吸引物等社会资源，进行体验式教育和研究性学习的一种教育旅游活动。

（二）研学旅行的类型

在实施中，研学旅行产品按照资源类型可以分为知识科普型、自然观赏型、体验考察型、励志拓展型、文化康乐型等。

（1）知识科普型。主要包括各种类型的博物馆、科技馆、主题展览馆、动物园、植物园、历史文化遗产、工业项目、科研场所等资源。

（2）自然观赏型。主要包括山川、江、湖、海、草原、沙漠等资源。

（3）体验考察型。主要包括农庄、实践基地、夏令营营地或团队拓展基地等。

（4）励志拓展型。主要包括红色教育基地、大学校园、国防教育基地、军营等资源。

（5）文化康乐型。主要包括各类主题公园、演艺影视城等资源。

（三）研学旅行的特点

研学旅行本质上说是学生集体参加的有组织、有计划、有目的的校外参观体验实践活动。同学们在老师或者研学辅导员的带领下，确定主题，以课程为目标，以动手做、做中学的形式，共同体验，分组活动，相互研讨，书写研学日志，形成研学总结报告。

目前我们常说的研学旅行具有以下三个基本特点。

1. 以中小学生为中心

中小学生是研学旅行的主体和中心，是研学旅行能否成功开展的核心要素。许多国家在进行研学旅行前期设计时，会对研学内容、时间安排、活动距离、线路规划等进行充分考虑，主要的依据就是青少年的兴趣爱好和身心特点。

低年级的学生由于身心发展尚未成熟，对父母、教师的依赖性较强，为了确保他们的旅行安全，设定的研学活动行程范围就较小，主要为学校所在市县区的周边场所；到了中学，学生的自理能力和求知欲望增强，所以研学旅行的范围有所增大，甚至是跨出国门，而且与课堂教学相比，研学旅行更注重让青少年以轻松愉快的游乐方式进行学习。

2. 有专业的组织单位

学校是最常见的研学旅行组织单位，而在国内，近年来有相关背景和资质的正规研学机构，也已经初具雏形。

从各国实践来看，以组织为单位开展研学旅行的好处在于，一是有助于让青少年在熟悉的集体中开展学习活动，培养集体意识；二是便于组织和管理，提高活动的安全性和针对性，同时节约活动成本。

3. 有明确的主题和目的

是否有明确的主题和目的，是研学旅行能否取得预期效果的一个关键因素。有的放矢，才会事半功倍。无论国内外，成功的研学旅行都有自己独立的主题和完善的规划，有备而来，才能真正有效满足青少年的研学需求。

（四）研学旅行的意义

1. 实践意义

中小学生研学旅行是由教育部门和学校有计划地组织安排，通过集体旅行、集中食宿方式开展的研究性学习和旅行体验相结合的校外教育活动，是学校教育和校外教育衔接的创新形式，同时更是教育教学的重要内容，是综合实践育人的有效途径。

一汽奥迪工厂的研学之旅

2. 教育意义

持续、高质量地开展研学旅行，有利于促进学生培育和践行社会主义核心价值观，激发学生对党、对国家、对人民的热爱之情；有利于推动全面实施素质教育，创新人才培养模式，引导学生主动适应社会，促进书本知识和生活经验的深度融合；有利于加快提高人民生活质量，满足学生日益增长的旅游需求，从小培养学生文明旅游意识，养成文明旅游行为习惯。

三、研学旅行的注意事项

近年来，国内各地区都在积极探索开展研学旅行，部分试点地区已经通过实践取得了显著成效，在促进学生健康成长和全面发展等方面发挥了重要的作用，积累了有益经验。但一些地区在推进研学旅行工作过程中，也还存在思想认识不到位、协调机制不完善、责任机制不健全、安全保障不规范等问题，制约了研学旅行有效开展。当前，我国已进入全面建成小康社会的决胜阶段，研学旅行正处在大有可为的发展机遇期，旅游行业从业者应把研学旅行放在更加重要的位置，推动研学旅行健康、快速发展。

从研学旅行的发展中看，旅游行业从业者应重点关注以下四个"度"。

（1）吻合度。指研学旅行产品设计与教学内容的吻合度，减少随意性。

（2）深入度。指研学旅行产品主题的阶段深入度，减少流于形式的实施，避免"只旅不学"或"只学不旅"现象。而应结合地区的特点和背景，精准分析当地研学受众的需求，对一个主题进行分阶段强化，由浅入深，由面上走动式的了解到某个主题的深入，并且对这种深入有一定的检测和反馈途径。各个学校可以根据本校的教育教学计划灵活安排研学旅行的时间，一般安排在小学四到六年级、初中一到二年级、高中一到二年级，时间节点上应尽量错开寒暑假旅游高峰期。同时，学校也可以根据学段特点和地域特色，逐步建立小学阶段以乡土乡情为主、初中阶段以县情市情为主、高中阶段以省情国情为主的适合本校实施的研学旅行活动课程体系。

（3）完整度。指在研学旅行实施中，逐步积累经验，校企合作共同开发一批育人效果突出的研学旅行活动课程，建设一批具有良好示范带动作用的研学旅行基地，打造一批具有影响力的研学旅行精品线路，建立一套规范管理、责任清晰、多元筹资、保障安全的研学旅行工作机制，探索形成中小学生广泛参与、活动品质持续提升、组织管理规范有序、基础条件保障有力、安全责任落实到位、文化氛围健康向上的研学旅行发展体系。

（4）专业度。指参与研学旅行组织实施各方的准入标准、退出机制和评价体系。这里的专业，既指参与各方资质的专业，又指主办方、承办方在实施过程中的专业，更指各方工作人员的专业度。

对主办方而言，首先应具备法人资质，应对研学旅行服务项目提出明确要求，应有明确的安全防控措施、教育培训计划，同时应与承办方签订委托合同，按照合同约定履行义务。简而言之，主办方要清楚为什么安排研学、研学实施有哪些要求、研学效果应如何测评。

对承办方而言，应为依法注册的旅行社，符合《旅行社国内旅游服务规范》（LB/T 004—2013）和《旅行社服务通则》（LB/T 008—2011）的要求，宜具有 AA 及以上等级，并符合《旅行社等级的划分与评定》（GB/T 31380—2015）的要求。旅行社应连续三年内无重大质量投诉、不良诚信记录、经济纠纷及重大安全责任事故。同时，应设立研学旅行的部门或专职人员，宜有承接 100 人以上中小学生旅游团队的经验。承办方应与供应方签订旅游服务合同，按照合同约定履行义务。

对于承办方在研学旅行项目实施中的人员配置，《研学旅行服务规范》（LB/T 054—2016）中也有明确的表述，如：承办方应为研学旅行活动配置一名项目组长，项目组长全程随团活动，负责统筹协调研学旅行各项工作。应至少为每个研学旅行团队配置一名安全员，安全员在研学旅行过程中随团开展安全教育和防控工作。应至少为每个研学旅行团队配置一名研学导师，研学导师负责制订研学旅行教育工作计划，在带队老师、导游员等工作人员的配合下提供研学旅行教育服务。应至少为每个研学旅行团队配置一名导游员，导游员负责提供导游服务，并配合相关工作人员提供研学旅行教育服务和生活保障服务。

四、研学旅行导游服务

研学旅行除了"游"与"行"之外，更重要的是要关注"学"。

这就需要有专业人员为学生进行知识讲解，如学生去国家级自然保护区开展研学活动，随同讲解的就应是保护区的资深科考人员；学生去高新技术的汽车生产车间开展研学活动，随同讲解的也应有工厂的技术骨干。但目前，我国许多地方承担研学旅行讲解工作的基本是学校老师、旅行社导游员和景区导游员，在一些专业性较强的知识领域，尤其是一些知识交叉的领域，会显得力不从心，如生物学领域、动植物学领域、高科技领域等。如何培养"既懂行、又会讲"的研学旅行服务专业人才，也是我国研学旅行实现可持续发展必须正视的问题。

国家旅游局（现文化和旅游部）在 2016 年 12 月颁布的《研学旅行服务规范》（LB/T 054—2016）中，对研学旅行"导游讲解服务"的要求可以概括为导游讲解服务应符合《导游服务规范》（GB/T 15971—2010）的相关要求。在讲解服务中，应将安全知识、文明礼仪作为导游讲解服务的重要内容，随时提醒引导学生安全旅游、文明旅游。服务中应结合教育服务要求，提供有针对性、互动性、趣味性、启发性和引导性的讲解服务。

研学旅行导游服务和常规学生旅游团导游服务有明显区别，除了对涉及景点的常规讲解内容有深入了解外，研学团导游员需要有较扎实的综合、专题知识基础和知识普及能力，善于引导学生群体发现景区的科学、文化内涵，通过互动和体验感受大好河山，感受中华传统美德，感受革命光荣历史，感受改革开放为每个人生活带来的巨大变化。

总的来说，研学旅行团的导游服务主要体现在以下六个方面。

（一）研学团导游员需要细致和耐心

目前参与研学旅行的受众主要是中小学生，他们精力十足，活泼好动，提出的问题总是连续不断。研学团的人数一般都会有上百人，要么是几个班，要么是一个年级，这么多的团员集中在一起行动，不管是途中还是抵达后，不管是引领还是提醒，甚至讲解和互动，都需要导游员保持细心和耐心，甚至要进行多次的重复服务。作为团队导师或随团工作人员，富有激情，注意细节，保持耐心，细致服务的要求将是首要的。

（二）研学团导游员需要有扎实的综合及专题知识储备

导游员的素质直接决定了研学旅行产品实施质量的高低。从事研学旅行工作的在岗人员，上岗前必须经过专业培训，特别是导游员的培训。从事研学旅行服务的导游员不仅要求具有丰富的旅游综合知识，还要具有相关的教育知识。研学团导游员应进行专门的研学教育和培训，对于专业性较强的研学旅行项目，如博物馆、科技馆、主题展览馆、动物园、植物园、工业项目、科研场所、红色教育基地等，实施方还可以从专业人员中选择导游讲解人员。

（三）研学团导游员应具备丰富的导游技巧

研学旅行团的参与方式有更多的互动、学习与体验环节。这就要求导游员不能一味地以单向讲解为主，还应熟练运用问答法、讨论法、归纳法、观察法等导游服务技能，努力让学生通过动手参与，做中学，做中悟，掌握科学、文化知识，感受社会的发展与进步。

（四）研学团导游员应具备良好的环保习惯

在带领研学团的过程中，导游员应善于引导学生保护环境，学会和自然和谐相处。在体验过程中，引导学生学会爱护各类设施，按工作人员的要求进行操作，重视节能环保；在户外探索的过程中，引导学生尊重当地民俗，爱护环境，不乱扔果皮纸屑，不乱刻乱画，不干扰动物的栖息环境，不随意采集植物标本。

（五）研学团导游员应善于学习

研学团的讲解知识和服务技能在不停地更新中，这就需要导游员善于学习，不断地完善和提升综合素质。每一次带团的过程，实质也是导游员自身学习提升的过程。如教育知识、红色旅游资源知识、工业知识、科普知识、地质知识、动植物知识等。

（六）研学类景区应着力完善研学旅行解说系统

解说系统是向游客传播知识的重要渠道。研学类景区应建立研学专题讲解体系或在景区内增加研学内容，将景区内的图片、实物或标本及有关的研学知识资料展示出来，图文并茂、深入浅出地让学生群体了解景区内的文化内涵，从而满足学生的认知需求。同时，对于景点的解说词要以科学为依据，注重趣味性、教育性的有机结合。还应完善以信息化为基础的游客服务载体，用动漫、故事、卡通、小电影、短视频、沉浸式体验等学生喜爱的方式，为他们提供关于景区整体文化价值、研学旅行景点分布等方面的信息。

模拟讲解

大熊猫科普知识

各位朋友：

今天我们将要参观世界自然遗产项目——成都大熊猫繁育研究基地，在参观前，我先给大一个温馨提示：熊猫基地是一个科研保护机构，园区内禁止吸烟与投食。如果大家期待看到大熊猫最自然、本色的生活状态，在参观时请记得与安静同行。

现在我们已经来到了成年大熊猫别墅区，这里住着从西班牙归国的大熊猫兄弟"德德"与"阿宝"。

它们的爸爸妈妈自从2007年就带着中西两国的友好情谊旅居西班牙。如同所有在国外旅居的大熊猫一样，它们长期在海外生活，在他乡恋爱、生子。不过，随着熊猫宝宝逐渐长大，也将恋爱婚配，根据两国国际繁育科研合作协议，这个时候，孩子便可以回到家乡——成都。

成都大熊猫繁育研究基地

德德与阿宝出生于 2010 年 9 月 7 日，是全球第一对海外全人工受孕产下的大熊猫双胞胎。它们从一出生就受到万千游客的宠爱，成为西班牙家喻户晓的大明星，就连西班牙王后也是它们的头号粉丝，两次亲自前往动物园看望它们。

现在是 11 点，也许大家正在想：这不还没到吃午饭的点儿吗，它们怎么就睡上了？跟个小懒猪一样。如果您是这样的想法，还真是误解它们了。大熊猫的作息时间和咱们人类可不一样，它们在夜间也会活动。每天晚上当我们熟睡的时候，那正是熊猫活动的高峰期，它们频繁地在凌晨 1 点到 3 点之间活动，到了白天，自然需要早早地开始午休。如果大家以后还有机会再来看望它们，请记得在上午的 11 点以前或下午 2 点以后是最好的参观时间。

大熊猫是沧桑的，800 万年以前，原始的熊猫家族已经生活在这个星球上，它们以食肉为生，分布在中国的大江南北。可随着时间的推移，自然界不断发生着翻天覆地的变化。突如其来的灾难让庞大的熊猫种群和与它们同时期的动物逐渐消亡，食物生态链的破裂成为最大的生存挑战。

大熊猫是坚韧的，它们最终选择改变食性，以杂食为主，有肉吃肉，没肉吃草，树皮、青草、野果、昆虫都可以成为它们的食物，直到发现了竹子。

大熊猫更是聪明的，它们挑选了四季常青且分布面广的竹子作为主食。强大的消化功能接受了这种粗糙甚至难以下咽的食物，熊猫家族成功地摆脱了与其他动物的竞争，得以幸存。

我们常说，利弊相成，竹子可以填饱肚子，可其实营养成分含量并不高，大熊猫每天能吃 20~30 千克的竹子，但吸收到的营养还不到其中的 20%。再加上它们独特的消化系统：粗、短、直，这也造成了它们每天不管吃多少食物，都会很快被排泄出来。为了生存，顽强的大熊猫再一次做出改变。

什么改变呢？这便是我们眼前的这一幕——它们尽可能地多休息，少活动。看似慵懒，其实是为了储存能量，保持体力。

好了，同学们，在真正了解了大熊猫以后，不知道大家对它们的看法是否正在发生改变呢？接下来的魅力剧场将会带大家走进更加真实的熊猫世界。

（供稿来源：成都大熊猫繁育研究基地高级讲解员瞿静）

讲解要诀

研学旅行中珍稀动植物观赏和生物知识学习是一个热门项目。在现场导游中，导游员除了按行程安排学生和观赏对象接触外，还要让学生掌握珍稀动植物的保护知识和生物知识。本篇解说词从注意事项提醒、科普氛围打造入手，以"德德"和"阿宝"为案例，以拟人化的方式，对大熊猫的生活习性做了轻松幽默地介绍。最后以大熊猫的沧桑、坚韧、聪明特性为总结，让学生们在大熊猫身上看到物竞天择的生物进化论。

任务拓展

1. 收集本地区研学旅行产品的宣传资料，提炼其关键信息和产品特色，以小组为单位，分别扮演游客和导游员，模拟向游客进行产品介绍并做好行前提示。

2. 邀请一位有研学旅行业务的企业负责人（项目负责人）进课堂进行典型案例分享。

任务二　因势利导——商务考察宜灵活

商务考察通常指对企业经营有关的行业或企业进行参观、交流、考察，在企业的技术、市场、生产、竞争、投资、战略合作等众多领域，实现建立联系、经验交流、对口合作等目标的商业活动。目前，很多企业的商务考察活动也委托旅行社承办、安排，一般情况下，商务考察团队的接待由旅行社会议和奖励旅游部负责。

商务考察是企业经营活动中一项必不可少的商务活动。通过走访、考察，企业管理者们可实地感受标杆企业的成长经历，学习经营之道。

在全球经济一体化的环境下，各地区企业间的经贸往来日益紧密，企业走出去的第一步，就是对其他地区的相关行业开展全面调研。通常，商务考察在国内，既有对沿海地区先进企业的经验学习，又有对项目所在地资源与市场的考察。有利的形势，为旅行社拓展商务考察团队业务提供了广阔的平台。

任务描述

通过跟团实践，小马已经较熟练地掌握了研学团队的接待常识和技能。随后，天马旅行社又安排小马参与一个当地大型企业的商务考察团的接待工作。该团队主要由企业高管和部门负责人组成，一行 12 人。行程中将对江苏、浙江及上海相关企业进行系统调研和考察，为企业间建立合作关系和拓展华东地区业务做铺垫。为了更好地完成此项工作，小马仔细查阅了本地企业的相关资料和对口企业的资料，详细列出了实施计划中的要点：

（1）收集本地企业的相关资料；

（2）和对口企业联系，收集华东优势企业的相关资料；

（3）根据客户要求，合理安排行程；

（4）拟定考察重点环节；

（5）准备考察对象的书面详细资料；

（6）制定考察手册。

任务分析

商务考察有着非常明确的目的性。一是对行业优势企业的运营进行调研，学习先进的管理经验和模式，为本企业的发展提供经验和借鉴；二是通过考察打造团队向心力，将管理层和骨干牢牢团结在一起，休戚与共。商务考察团队的接待强调时效性、针对性。导游员在参与商务考察团队接待时，应做好充分的准备，通过培训强化服务技能，注意品质化服务，按标准行程保质保量地完成接待任务。

任务实施

一、商务考察团的特点

（一）时间紧凑

商务考察团的运行涉及面众多，一般预约需要提前 1 个月左右。从成本来考虑，预订得越早，机票、住宿成本就越低；从接待质量来考虑，在全陪、地陪、用车的配置上就越优先。同时，因商务考察团行程特殊，目的性强，提前

商务考察

筹备会预留出有效的应变时间。

（二）目的明确

商务考察的预约与接待，完全取决于受访企业的态度，而对方的态度取决于我们考察的目的、人员职务结构构成及接待时间的选择。所以与受访企业对接时，一定要明确拜访的详细目的、与对方的直接关联并附上出团人员的详细名单。

（三）讲究规格

商务考察团的接待应注意服务规格，在厉行节约、合理支出的前提下，导游员应提前准确掌握团队的整体预算，须事先明确餐饮、住宿及接待的标准。

（四）重视成效

商务考察团在出行前已经拟订明确的目标，考察中应针对此目标进行系统调研和考察，忌走马观花。旅行社接待的成败也在于考察目标是否圆满实现。

二、商务考察团导游服务

（一）因势利导

商务考察团在考察企业的同时，也会对当地的投资环境进行评估。导游员在讲解服务中，一定要注意将景区和沿途讲解与促进投资结合起来。通过解说词的引导，让团员对当地经济发展、政府政策、交通物流等方面有具体的了解，对当地的投资与合作充满信心。

模拟讲解

城市大脑

各位游客：

我们即将抵达的是杭州云栖小镇。这是杭州市西湖区依托阿里巴巴云公司和转塘科技经济园区两大平台打造的一个以云生态为主导的产业小镇。

朋友们，这里是云栖小镇的核心部分——"城市大脑"。阿里公司的王坚博士曾说："世界上最遥远的距离，不是我站在你面前，你却不知道我爱你，而是每个路口的红绿灯和摄像头之间的距离。"而云栖小镇就率先提出了"城市大脑"的概念。大家请看，这几百块电子屏幕正监控着整个城市的交通，每个红绿灯的摄像头不间断地拍照获取车辆的速度和数量，进行大数据计算直接减少了城市的交通拥堵。

杭州曾经是一座名副其实的"堵城"，自从开启"城市大脑"后，在2015—2019年间，杭州堵车系数排名从全国第五位降到了第57位，堵车率降低了11%。倪师傅是萧山区的一名工作了27年的救护车司机，每次出车都是在与时间赛跑，虽然在紧急情况下可以闯红灯、逆行，但遭遇大堵车时，也是寸步难行。2019 年 4 月，杭州"城市大脑"一键护航系统正式上线，只需在车上按下此键，人工智能就会迅速规划救护车行驶路线，自动调节交通信号灯，使救护车抵达现场时间减少了一半。除此之外，杭州"城市大脑"还实现了交通、医疗、城管等多方面的信息打通，并已经走向世界。2018 年马来西亚首都吉隆坡因为引入"城市大脑"，提高通行效率达 12%，足足为当地人出行节省了 3 000 万个小时。

科技让生活更美好，云计算、大数据不仅能让我们足不出户完成生活缴费，提前预约医院挂号，还通过数据提前预计景区的当天游览人数等。在 2020 年的新冠肺炎疫情期间杭州首推的"健康码"，仅 7 天就做到了全国的推广。疫情后习近平总书记第一次出访的城市便是杭州，并在杭州"城市大脑"运营指挥中心视察，高度赞扬绿码服务。

有人说，当年罗马给了世界一个下水道，伦敦给了世界一个地铁，纽约给了世界一个电网，而杭州"城市大脑"是中国杭州送给世界的礼物！

（供稿：浙江新世界国际旅游有限公司　杭州市金牌导游应虞乐）

讲解要诀

"城市大脑"是杭州打造"现代化"城市的重要举措。该讲解以大量数据直观呈现了杭州"智慧化"城市建设的成效和优势，让商务游客对生活在杭州、工作在杭州、投资在杭州充满信心。

模拟讲解

都江堰

各位贵宾，早上好！欢迎各位商界精英莅临都江堰！这是全世界年代最久、唯一留存、以无坝引水为特征的水利工程，也是世界水利史上投资最省、效益最佳的千秋杰作。2 300 年来，它仍灌溉着 37 个县市、1 100 万亩农田，保障着成都平原 3 400 多家大型企业的用水。同时，也成就了物华天府，更哺育着成都向"世界现代田园城市"迈进。

各位贵宾，我们从伏龙观开始"水文化之旅"的第一拜。请看此幅题刻"川西第一奇功"，字为大清同治十年成都知府黄云鹄所题。不知这六个大字是否引起各位的一些思索？"功与利"是商海拼搏中永恒的话题，我个人认为："功利的最高境界是利国利民，诚如都江堰。"有人说"三峡工程"是当代水利建设"第一奇功"，那经过 2 300 年历史检验的都江堰则是"千古一功"。

伴随着奔流的江水，我们已来到都江堰"泄流飞沙"之处，名曰"飞沙堰"。此堰位于鱼嘴分水堤与离堆之间，为内江的侧溢洪道，长约 200 米，高度正好超过内江河床 2.15 米。为何是这个高度？请各位贵宾先思考，我们在治水"三字诀"中再讲答案。脚下的飞沙堰貌似平凡，却是成都平原免受水患的关键之处。兼具泄洪、排沙和调节内江水量三大作用于一体。

泄洪功能指内江水位低于堰口时，水流受凹岸影响产生左环流，内江水直流宝瓶口，进入灌溉渠道；当内江的水量超过宝瓶口流量上限即 700 m^3/s 时，内江形成右环流，多余的水便从飞沙堰自行溢出；如遇流量超过 10 000 m^3/s 的特大洪水，它会自行溃堤，让洪峰回归岷江正流，严格控制着流入成都平原的水量。

飞沙功能指水流进入内江以后，局部地势仍属于微弯河段，而飞沙堰位于内江弯道的下段。在弯道环流的作用下，底部水流指向飞沙堰，越过堰顶，卵石和泥沙能有效地排向外江；表层水流则基本与堰顶平行而流向下游，形成堰顶溢洪时底部单宽流量大、上部单宽流量小的特殊流态。在中等流量的需水季节，用较少的水量就可排走进入内江的大部分卵石和泥沙，甚至重达数百公斤的巨石皆可从此处得以排出，以确保内江通畅。更令人惊奇的是，飞沙堰的排沙作用随泄洪量的增加而增强。洪水越大，飞沙堰的分流比越高，排沙效果越显著，有鬼斧神工之妙。

举目四望，我们看到的不仅是世界遗产工程，更是著名的水文化圣地。世界遗产委员会对其综合评价为"历史悠久、规模宏大、布局合理、运行科学，与环境和谐结合，在历史和科学方面具有突出价值"。

岷江流经都江堰，一江碧水化两河。当年的秦国，凭借蜀郡的丰衣足食，一统天下——"不差钱"；今日的成都，凭借都江堰的灌溉，减缓旱情——"不缺水"。这里商机无限，政府也进一步改善着投资环境，为企业和投资商服务，低碳城市，天府水乡，成灌快铁一线牵。一个新的都江堰正破茧而出。

各位贵宾，饮水思源，让我们溯江而上，继续追踪"都江堰之秘"。20 分钟后，我们将在鱼嘴处举行"水文化"之旅的再次叩拜。

讲解要诀

都江堰是世界古代水利工程中的奇迹。功在千秋，利在当代，游览都江堰会让人对功与利产生深入的思考。对于商务人士来说，这是一个非常有效的切入点。这篇解说词从都江堰的功用入手，提纲挈领地介绍了都江堰水利工程的整体效用及飞沙堰的特点，并用数据详细说明了水利工程设计的精巧，让来宾对都江堰有了深刻印象。同时，结合实际让来宾了解了都江堰的投资环境和交通物流背景。

（二）注重细节

1. 形象细节

商务考察团行程中会间歇安排会见和会议，因此，导游员在接待中应注意着装要求。在正式场合应穿着职业装，体现职业风范，也让客户企业感受导游员的专业性。

2. 礼仪细节

商务考察团接待同样强调礼仪，上下车、引领、会晤、餐间、合影、交流、讲解时，导游员都应注意自己的角色定位和礼仪规范。彬彬有礼的言谈举止会让客户企业和受访企业对旅行社的服务品牌产生更加良好的印象。

总之，商务考察团接待中我们应从细节入手，在接待规格、行程安排、资料准备、现场服务、沟通协调上多下功夫，努力实现企业的考察目标，同时全面展现旅行社的专业性。

调研当地或周边城市商务考察的标杆企业或热点资源，搜集 1~2 个商务考察旅游产品案例，谈谈其与常规旅游产品的不同点。

任务三　细致严谨——银发团队勤稳敬

目前，银发旅游市场已成为旅行社客源市场的一个极其重要的组成部分。尤其在出境旅游中，老年市场甚至占到团量的半壁江山。随着经济的发展以及社会保障制度的完善，众多的老年人期待有更高质量的生活，传统的休闲活动方式如棋牌、歌舞等已不能完全满足老年人的精神需要，他们更渴望参与融求知、娱乐、休闲、康体于一身的主题化休闲活动。旅游，不仅能帮助老年人领略旖旎的风光、多彩的民俗，还能够开阔胸襟、陶冶性情、强身健体，丰富生活体验。因此在众多的休闲方式中，老年人越来越多地选择了旅游。

银发团队接待需要旅行社的精心准备、导游员的用心付出，以"老吾老以及人之老"的服务热情参与其中，用热情、细致、周到的服务赢得团员的认可。

任务描述

通过前几轮跟团实践，小马已经较熟练地掌握了各种团队的接待常识和技能。接下来，专线部张经理又安排小马配合接待一个从西安赴成都的18人动车往返"三国古迹游"银发团。团员平均年龄为54岁。为了更好地配合全陪、地陪开展工作，小马仔细查阅了团队行程相关资料和注意事项要求。她详细列出了接待计划中的要点：

（1）收集各景点的讲解资料，熟悉与三国文化相关的历史素材；

（2）注意事项提醒，包括旅行安全、随身必备药品、天气预报、财物保管、购物须知等；

（3）当地菜肴、风味特色介绍；

（4）当地名优风物特产介绍；

（5）线路途经城市沿革、概况介绍，沿途路况、海拔、行车时间介绍；

（6）当地非物质文化遗产项目介绍；

（7）当地老街、古建筑资料收集；

（8）收集老年人旅途常见疾病预防和应对资料。

任务分析

银发团的接待服务强调耐心、细致。团员生活阅历丰富，喜爱谈古论今，导游员在准备讲解资料的时候尤其应注意对历史文化的把握。同时，银发团队的注意事项提醒应重复强调，导游员应关注旅游期间的天气变化、旅途的行车时间、地域的海拔高差等与老年人身体健康相关的要素，掌控好游览节奏。

任务实施

一、银发旅游团队的特点

（一）思旧怀古

老年游客社会阅历丰富，经历过人生的喜怒哀乐、起起落落。到一定年龄阶段后，他们的心理状态会发生一定的变化，更多地追忆往昔。老年游客

乐在旅途

对历史、典故兴趣很高，更乐于从谈古论今、古今对比的切入点去了解景点。对城市概况的了解也偏向于城市的发展历程和溯源。目前，市场上的文化主题线路一般比较受老年游客的欢迎，如三国文化、民俗文化、宗教文化、丝绸之路、养生文化等成熟产品。

（二）理性消费

银发旅游团成员更愿意根据行程计划开展旅游，支出合理的旅游费用，但对旅行社或导游员在行程中未经商量、强制增加的项目比较排斥。目前，市场中一部分老年游客有稳定的退休工资和相应收入，他们更愿意选择品质高的纯玩团。除了参与常规旅游团出游外，更多的老年游客已经在逐步积累旅游经验，学会制作旅游攻略，积极参与自助游或自驾游。

（三）重视安全

带银发团队同样是一项富有挑战性的工作，也是一名导游员在职业发展过程中必须尝试的团型。因为团队成员均为老年人的特征，导游员必须时刻把安全提醒放在第一位。出发前，旅行社应组织出团说明会，导游员应到会和团员见面。组团社导游员应宣讲团队注意事项，并讲解"出团说明书"，回答团员的各种问询。在乘坐各类交通工具时，导游员必须重复强调安全事项，停靠站时务必注意清点人数，清楚团员动向；在游览活动中，导游员应提前告知集合时间、地点、联络方式，全陪、地陪、景区讲解员应前后照应团员队伍，加强巡视；在体验活动中，导游员应详细阐述活动要求和注意事项，并全程在活动现场进行督导管理；入住饭店后，导游员应及时巡房，询问入住情况和房间设施情况。

（四）渴望交流

老年人有丰富的生活阅历，对各种社会现象也有自己的评价。同时，他们期待和导游员有较深入的交流，而不只是通过讲解来获取新的知识。带团过程中，导游员应注意和团员的多层次交流和互动。这种交流也是导游员从团员身上获取历史素材，丰富讲解内容，提升讲解层次的有效途径。

（五）劳逸结合

银发团队的行程安排一定要劳逸结合、疏密相间。带团过程中，导游员要多注意团员的身体情况和精神状态。对于华东五市游、西藏游等长线和高海拔线路，导游员应合理安排游览时间，讲解中应突出重点景观。游览中，需要留出一定的休息时间让团员体力得到恢复，切忌用急行军的方式走马观花。

二、银发旅游团队导游服务

（一）以"稳"为主，掌控节奏

带银发团的最大特点是"稳"。在接团前，导游员应做细心而严谨的准备。准备环节包括以下三个。

（1）充分熟悉团员的基本情况，对其中单人出行的老年人应重点关注。

（2）充分熟悉接待计划，对其中有安全隐患的环节应一一梳理，对整个行程的掌控应了然于胸，对景区内的游览时间和线路安排应事先预计。如长江三峡线路，在夏季沿途城市和景点都处于高温地区，游览过程中，应注意预留充分的休息时间。

（3）制订突发情况的应急预案，熟练掌握应对程序。导游员对银发旅游团接待中的突发事件必须做到预防为主、有备无患。尤其是团员年龄偏大，自救能力弱，更容易发生意外事故。在行前制订详细的应急预案有利于导游员做出及时的应急响应，降低旅游事故的不良影响。如突发性高原反应的应对、旅途常见疾病处理、突发性心血管疾病处理、骨折的处理等都是预案中的重点内容。另外，派遣随团医生也是目前众多旅行社采取的保障措施之一。

（二）以"忆"贯通，对比讲解

在讲解中，导游员要做到古今对比、纵横对比，以时间线索贯通讲解内容，语速稍慢，语调亲切。导游技巧上多使用讨论式或互动式的方法，使老年人有机会参与到讲解的互动中来。同时，对于老年人感兴趣的历史、典故、沿革等内容，导游员应做好充分的知识储备。

模拟讲解

长江三峡

各位老人家，早上好！昨晚休息得好吗？今天是我们船游三峡的第一天，让我们一块儿轻松开启惊艳的三峡之旅。

三峡，是万里长江中一段山水壮丽的大峡谷，是中国十大风景名胜之一。它西起重庆奉节县的白帝城，东至湖北省宜昌市的南津关，由瞿塘峡、巫峡、西陵峡组成，全长193千米，其中峡谷段约90千米。它是长江风光的精华，神州山水中的瑰宝，古往今来，三峡一直是咱们国家山水长廊的代表。

各位请看，船舷两侧，风光无限。瞿塘峡的雄伟，巫峡的秀丽，西陵峡的险峻，还有三段峡谷中的大宁河、香溪、神农溪的神奇与古朴，使这驰名世界的山水画廊气象万千。这里的群峰，重岩叠嶂，烟笼雾锁；这里的江水，汹涌奔腾，百折不回；这里的奇石，嶙峋峥嵘，千姿百态；这里的溶洞，奇形怪状，空旷深邃……三峡的一山一水、一景一物，无不如诗如画，并伴随着许多美丽的神话和动人的传说，令人神往。

长江三峡，地灵人杰。这里是中国古文化的发源地之一，著名的大溪文化在历史的长河中闪耀着奇光异彩；这里，孕育了中国伟大的爱国诗人屈原和千古才女昭君；青山碧水，曾留下李白、白居易、刘禹锡、范成大、欧阳修、苏轼、陆游等诗圣文豪的足迹，留下了许多千古传诵的诗文；大峡深谷，曾是三国古战场，是无数英雄豪杰驰骋用武之地；这里还有许多著名的名胜古迹，白帝城、黄陵庙、南津关……它们同这里的山水风光交相辉映。

（三）以"勤"为先，服务细心

银发团在食、住、行、游、购、娱六要素的安排上都与常规旅游团有所不同。在行程中，导游员应细心服务，根据团员的年龄结构做好协调安排。

（1）团餐。银发团的团餐应注意荤素搭配，食物应做到软硬适度，忌太辣或太咸。高脂肪或高胆固醇食物不应太多。

安心出行

（2）住宿。老年人希望入住一个清静的环境。在饭店预订上，旅行社应注意这一特征。团员入住安排房间时，导游员应与前台协调安排不靠停车场或茶楼等喧闹场所的房间。楼层尽量集中安排，便于互相照顾。同时注意检查房间有无安全隐患。每晚应按时电话查房，并提醒注意事项。

（3）旅行。提醒团员注意了解乘坐交通工具的安全须知，团员座位、铺位尽量集中安排，方便巡查。

（4）游览。提醒团员注意景区游览注意事项，集合时间、地点、游览线路应重复提醒。导游员务必全程引导游览，切忌随意离开旅游团自己单独活动。

（5）购物。老年人喜欢货比三家。购物中，导游员应注意随时回答团员的问询，并及时提供帮助和支持。

（6）娱乐。进行民俗体验、歌舞晚会等娱乐活动时，导游员应详细交代活动要求和注意事项。全陪、地陪应密切关注团员动向，防止活动中的意外事故发生。

（四）以"敬"待人，营造氛围

"老吾老以及人之老"，每个人都会有年老的时候，这个年龄阶段的人的心理会较为敏感。银发旅游团员对外界评价、同行团员的眼光、导游员的语言风格及说话口气等细节都会特别在乎。导游员在带团过程中，应注意"敬"字当头，尊重每一位团员，一视同仁地对待每一位团员。在说话做事、分寸拿捏上务必掌握尺度。同时，导游员应积极主动地开展团队管理，以诚意和细心打动团员，通过团队精神的凝聚，让团员形成向心合力。

任务拓展

    1. 上网选取三个银发旅游产品，向祖辈、长者介绍，并收集他们对该产品的评价和建议。

    2. 以小组为单位开展银发旅游团行前说明会，组员分别担任导游员，进行行程说明和注意事项的宣讲。

项目五
专题旅游服务

　　专题旅游是一种新兴的旅游形式，它是在观光旅游和度假旅游等常规旅游基础上的提高，是对传统常规旅游形式的一种发展和深化，因此是一种更高形式的特色旅游活动产品。"专题旅游"这一概念，通常也被称为"专项旅游""特种旅游"和"特色旅游"等。这里所说的专题旅游，指为满足旅游者某方面的特殊兴趣与需要，定制开发、设计的一种特色专题旅游活动。根据专题旅游的开展及实际操作经验来看，它与观光旅游、度假旅游相比较，更具有主题性、定制性的典型特色。

（1）掌握红色旅游、邮轮旅游、摄影旅游、生态旅游、乡村旅游团队的导游服务标准和技巧，能提供标准化服务，为针对性服务打下基础。

（2）熟悉红色旅游、邮轮旅游、摄影旅游、生态旅游、乡村旅游的特点。

（3）了解专题旅游的典型线路产品。

任务一　责任担当——红色旅游需认同

中国革命圣地井冈山

红色旅游主要是以中国共产党领导人民在革命和战争时期建树丰功伟绩所形成的纪念地、标志物为载体，以其所承载的革命历史、革命事迹和革命精神为内涵，组织接待旅游者开展缅怀学习、参观游览的主题性旅游活动。

为了使爱国主义教育基地更好地发挥作用，国家决定拓展红色旅游的内涵。自1840年第一次鸦片战争，中国沦为半殖民地半封建社会开始，至今180多年间，在中国大地上发生的中国人民反对外来侵略浴血奋战、自强不息的精神，充分显示伟大民族精神的重大事件、重大活动和重要人物事迹的历史文化遗存，选择性地纳入红色旅游范围，这更加有利于对中华民族先进文化和中华民族优良传统的传承和发扬。

红色旅游不仅弘扬革命精神，让更多的人不忘历史，更是一项名副其实的政治工程、文化工程、民心工程和富民工程。

任务描述

通过一个月的工作学习与跟团实践，小马已经逐步掌握旅行社的主要线路产品知识和业务常识。接下来，专线部张经理安排小马跟随一个从成都出发前往陕西延安的旅游团，这次的跟团对她触动很大。旅游团先后前往宝塔山、杨家岭、枣园革命旧址、延安革命纪念馆、梁家河等红色革命教育基地参观。大型实景演出"延安颂"不仅让游客们竖起了大拇指，还深深震撼了小马。尤其是在宝塔山景区，听了讲解员声情并茂的讲解，让游客们深受感动，游客张女士流下了激动的泪水。"老一辈革命家在这样艰苦的条件下，做出了伟大的事业，我真的非常感动，我回去要把延安故事讲给我的孩子们听，有机会带孩子们来这里亲身感受一下。"听了讲解员的讲解，刷新了小马对导游讲解的认识，也再一次坚定了小马要当一名优秀导游员的信心。

红色旅游是把红色人文景观和绿色自然景观有机地结合在一起，把革命传统教育与促进旅游产业发展结合起来的一种新型的主题旅游形式。其打造的红色旅游线路和经典景区，既可以游览观光，又可以了解革命历史，学习革命知识，振奋斗争精神，培育新的时代精神，并使之成为一种文化。

一、红色旅游的现状

当前，我国的红色旅游受到国家政策帮扶和市场需求的助推，发展势头良好且发展速度很快。在旅游业快速发展的今天，红色旅游作为一种新兴的旅游项目，对景区经济发展起着关键性作用。

（一）积极的政府导向

红色旅游是一种精神教育和旅游观光有机结合的新型旅游活动项目，在倡导精神文明的时代背景下，红色旅游受到各级政府的高度重视。党中央、国务院、国家文化和旅游部对红色旅游的发展思路、总体布局及主要措施都做出了详细的规划与说明。在受中央政府的导向作用下，地方政府也加快了红色旅游发展的步伐，不少地方政府将发展红色旅游与革命老区传统教育、扶贫脱困结合在一起，增加对红色旅游项目的资金投入，以提高景区服务质量和创新旅游产品为重点，开展大规模的宣传活动，增强红色旅游和教育基地的吸引力，已经取得良好的市场效果。

（二）快速增长的社会需求

改革开放以来，国民经济快速发展。特别是近年来，人民生活水平不断提高，旅游业也迎来了持续的快速发展时期。红色旅游的推出，使人们耳目一新，既能怀旧思古，又能康体休闲，受到人们的普遍欢迎，发展势头迅猛。每逢周末及节假日，越来越多的人将红色旅游景点作为出行的主要选择。《2018 年全国旅游工作报告》显示，近三年来，全国红色旅游接待游客累计达 34.78 亿人

任务一　责任担当——红色旅游需认同

次，综合收入达 9 295 亿元。由此可以看出，红色旅游已经成为我国旅游业的重要组成部分。

（三）滞后的基础设施建设

我国的红色旅游资源非常丰富，但分布相对集中，主要集中在我国的中西部地区，这些地区自然条件恶劣，贫困人口多，交通及基础设施相对落后。这些在一定程度上限制了红色旅游景区作为增长极拉动景区周边经济增长的能力。另外，红色旅游属于观光旅游，强调景区人文精神的传递与继承，所以很难像度假旅游那样通过长时间留住游客来增加收入，以及其特有的性质决定了红色景点的门票不能太高，因此红色景区自身难以实现高收益，更不必说有充裕的资金来再投资，或大力发展基础设施建设。

（四）相对有限的发展空间

红色旅游的快速发展，主要得益于政府的政策驱动，消费者对红色旅游产品的需求，部分取决于政治舆论，因此红色旅游的需求波动大于传统旅游业，表现出周期性特点。而在一年当中接待高潮主要集中在黄金周和纪念日前后。市场需求的波动会对红色旅游业的持续发展造成不利的影响。而与其他旅游景区相比，红色景区难以满足当下年轻消费群体多样化的需求。以致红色旅游发展空间受限，同时一些特殊的旅游产品如商务旅游、体育旅游、教育旅游、探险旅游等的兴起正在挤压红色旅游有限的发展空间。

二、红色旅游导游服务

（一）注重讲解服务的规范性和严肃性

红色文化有着其独到的历史厚重性，保证导游员讲解内容的严肃性和规范性，可以促使红色旅游讲解效果的提升，更好地让红色文化通过讲解得以传承。

1. 观点正确，脉络清晰

导游员在具体的讲解过程中，一定不能添加个人推测、个人意识，必须要保证讲解内容的真实性和可信度。同时导游员还应从思想意识上认识到红色旅游是我国社会主义的政治工程。

2. 史物结合，言之有据

红色文化是我国不可或缺的重要内容，中国共产党党史、革命史是主要讲解内容，因此这就要求导游员的讲解内容要符合历史真相，最大化地确保讲解出来的内容符合历史，有据可查。

3. 简明扼要，有情有趣

红色旅游与传统旅游不同，前者具有较为浓厚的政治色彩，这就决定了导游员在红色文化讲解过程中一定要防止加入迷信或是低级趣味方面的内容，一定要具备一颗崇敬之心，根据严谨性和严肃性的原则，认真对待革命历史，对待红色旅游，从而有效保证红色旅游的基调和色彩。

4. 对象明确，程度适宜

红色旅游因有自己独特的性质，游客的构成及旅游目的也有其独特性。青少年游客天性活泼，喜欢新鲜事物；中年游客阅历丰富，喜欢游山玩水；老年游客思古怀旧，喜欢追忆过往。所以针对不同的旅游对象人群，讲解的内容应程度适宜，符合需求。

（二）切实提升导游员综合素质

导游员素质水平的高低直接影响着红色文化的讲解质量，为了确保传承效果，红色旅游景区导游员需要不断加强学习，努力提升自身素质，满足文化传承的要求。对此，导游员要做好以下几点：

首先，加强政治学习，提高自身政治觉悟、思想品德水平和道德意识，深刻认识和感悟中国共产党的发展历史和红色文化；

其次，增强业务学习，最大限度地完善讲解内容，以便更好地确保讲解革命历史事件的严肃性和权威性，全面、客观地展示和宣传革命史实；

最后，掌握语言表达艺术，保障讲解内容的趣味性和生动性，在保障讲解内容严肃性的基础上，通过趣味化、灵活化的讲解方式，进一步吸引游客的注意力，实现传承红色文化的目的。

（三）健全红色旅游导游队伍建设

红色旅游的导游讲解与传统的导游讲解不尽相同，有其自身的特殊性，这就要求旅行社及旅游景区采取多种途径加强导游队伍建设，完善管理制度。可以建立一支水平高、素质高的讲解团队，从人员的选聘、任用、提升等各环节入手，不断完善人员管理制度；另外相关部门必须对导游员进行系统性的培训，且培训要定期、不定期的开展，以取得良好的效果。与此同时，还还可以根据红色旅游的讲解需求，聘请红色革命文化艺术团工作者和离退休老干部等，从而为我国红色文化传承助力。

模拟讲解

井冈山风景名胜区

游客朋友们：

上午好！

井冈山风景名胜区是 1982 年国务院公布的第一批国家级重点风景名胜区、首批国家5A级景区。是中国百家爱国主义教育示范基地和中国十佳优秀社会教育基地。井冈山充分依托"红色吸引人，绿色留住人，情景感染人"的旅游资源优势，积极推进旅游业发展壮大，全力打造"红色摇篮、生态井冈、精神家园"旅游品牌。

大家都知道井冈山是革命的摇篮，是中国第一个农村革命根据地。1966 年陆定一老先生重上井冈山时写过一首诗，第一句话就说了井冈山有两件宝：历史红、山林好！我们这次上井冈山除了学习井冈山精神，重温当年毛主席在井冈山创建农村革命根据地的那段光辉岁月外，还可以领略井冈山秀丽的自然风光。井冈山是一个风景如画的旅游景区，但大家在领略这美丽风光的时候，也应想想我们今天的幸福生活是多么来之不易啊！毛主席创建井冈山革命根据地是多么艰辛，是多少革命先烈用血肉之躯铺就而成的啊！我想，这些才是大家来井冈山的主要意义吧！

现在我们来到的是被称为井冈山五大哨口之一的黄洋界。黄洋界海拔1 343米，居高临下，扼居山口，形势险要，当地群众称为摩天岭。在这里放眼四望，群山起伏，层层叠叠；白云翻腾，犹如汪洋大海。当年的哨口工事和上山小路还依稀可见，红军营房保存完好。现在这里建有一座黄洋界保卫战胜利纪念碑，碑文由朱德书写，另一面镌刻的是《西江月·井冈山》。碑前有大理石屏风，上有"黄洋界"三个金色大字。1928年3月30日，这里打响了著名的黄洋界保卫战，英勇的中国工农红军以不到1个营的兵力打退了敌军4个团兵力的疯狂进攻，创造了我军以少胜多的首个战绩，毛泽东同志在欣喜之余，挥笔写下著名的《西江月·井冈山》。今天，当您身临其境，是不是仿佛依稀能听到当年那隆隆的炮声？

讲解要诀

红色旅游景区导游员是红色旅游景区的代言人，其讲解水平直接影响到红色文化传承的效果。本篇讲解词虚实结合，将革命历史建筑、景观风貌与历史史实有机结合，讲解内容真实、语言准确、观点鲜明，导游员深刻领会了讲解内容的精神内涵，并予以浅显表达。

任务拓展

1. 收集"红色旅游"相关资料，以小组为单位制作成PPT或小报，在班级进行分享。

2. 以小组为单位开展"红色旅游"行前说明会，组员轮流担任导游员，进行行程说明和注意事项宣讲，小组内评定表现最佳的"金牌导游"。

任务二　心海相约——邮轮旅游深体验

暂别工作的纷扰，投入到专属的海上假期。从登船开始，旅程即已开启，只需打开一次行李就能轻松自在地游走于各地，尽享异域风光。心海相约，大海独特的魅力能让人忘却陆地上的纷纷扰扰，这便是邮轮旅游。邮轮旅游不仅是海上的航行，更是一次难得的体验。

2019 年 8 月 23 日，国务院办公厅印发《关于进一步激发文化和旅游消费潜力的意见》，提出着力开发海洋海岛旅游，支持邮轮旅游等业态发展。《2019—2025 年中国邮轮行业市场全景调研与竞争格局研究报告》显示，中国邮轮市场有着极为广阔的发展空间。预计未来 5 年,中国邮轮市场有望保持 30% 以上的增速。

任务描述

最近，小马所在的天马旅行社推出了邮轮旅游产品，小马很感兴趣，也很好奇。她来到邮轮部，经过一番了解得知，最早的邮轮诞生在第二次世界大战时期，主要作为一种交通工具活跃于欧美各国之间，因为担负着信函、包裹的邮递任务，故称"邮轮"。随着航空业的出现和发展，跨洋型邮轮基本退出了历史舞台。现在的邮轮，实际上是指在海洋中航行的旅游客轮。在国际惯例上，邮轮指的是在海洋上的大型豪华船舶。

任务实施

一、什么是邮轮旅游

邮轮旅游始于 18 世纪末，兴盛于 20 世纪 60 年代。邮轮的精髓在于全家人借浩瀚的海洋去寻访历史，是一种优雅、闲适、自由的旅行。现代邮轮设施豪华、节目丰富、吨位巨大，被称为"海上移动度假村"，是当今世界旅游休闲产业中不可或缺的重要部分，被称为世界上最具潜力的产业之一。

二、邮轮旅游的特点

（一）丰富性

现代邮轮早已从单一的交通工具发展成为集客运、娱乐、休闲、住宿等多种元素于一体的综合性旅游产品，它为游客免去了舟车劳顿之苦，乘坐豪华邮轮出游度假，曾经是欧美国家社会人群热衷的度假方式，如今在中国也开始为越来越多的普通人所接受，邮轮旅游产品的市场潜力十分巨大，我国近两年来，乘坐邮轮出游的游客人数一直在成倍递增。

（二）时尚性

邮轮旅游产品新鲜时尚浪漫的特性，使其在旅行社众多旅游产品中，成为游客满意度较高、重游率较多的一项产品，是国内旅游行业内的一股新兴力量，越来越多的旅游企业也纷纷成立了邮轮部，据旅行社业内人士预计，目前各个邮轮公司在加速团队扩张的同时，也不断加强市场推广力度，相信随着游客对邮轮旅游产品的认识逐渐深入，邮轮市场前景将会更加广阔。

（三）脆弱性

旅游业是个很脆弱、敏感的行业，容易受到外界的冲击和影响，积极事件会拉动旅游业发展，消极事件如传染性疾病、地震、海啸、罢工、恐怖袭击等会阻碍旅游业的发展。邮轮旅游也不例外，易受到一定的经济、政治和环境的影响。邮轮旅游作为高度密集型且空间相对封闭的旅游产品，防控难度非常大。据了解，自 2020 年 3 月中旬以来，全球约 400 艘邮轮绝大部分处于闲置状态，只有极少数邮轮在小范围内运营，更有不少邮轮公司遭遇破产。2020 年 6 月中旬，西班牙最大的邮轮运营商"伯曼邮轮"宣布提出破产重组申请，成为第一家因新冠肺炎疫情影响破产重组的邮轮公司。

（四）便捷性

邮轮就像一座海上移动度假村或饭店，其本身具备旅游目的地属性及多目的地型度假平台的特点。其基本运营方式是以邮轮为运作平台，以航线和节点（停靠港）为运行支撑，通过海陆结合式的旅游产品销售和高品位船上服务作为收益的主要来源。在旅游目的地之间旅游时，游客无须担心赶下一趟航班、收拾行李以及晚餐预订等问题。邮轮就是漂浮于海上的度假胜地，能提供可以想象得到的舒适和方便。

三、岸上观光活动的形式

邮轮旅游除了能在邮轮上 24 小时享受星级服务外，目的地的岸上观光对邮轮游客而言也是非常重要的，而这一板块也是旅行社导游员真正能够发挥作用的部分。在邮轮业非常成熟的欧美市场，邮轮旅游基本是 FIT（Foreign Independent Tourist）散客模式，所以游客在邮轮到岸以后非常自由，一般有以下这些选项：

（1）在邮轮上购买邮轮公司组织安排的岸上观光项目；

（2）参加由旅行社事先安排的岸上观光项目；

（3）游客选择自由行，下船后利用出租车，邮轮公司提供的由码头往返目的地某些地标或最近交通枢纽的免费接驳车等交通工具自行游览；

（4）游客自行下船，在码头附近随意闲逛；

（5）留在邮轮上不下船。

国内绝大部分的邮轮岸上观光是由旅行社来负责的。从 2015 年 3 月开始，日本为了吸引更多的邮轮游客，对所有中国母港出发的邮轮实行免签政策。随着"邮轮免签政策"的落地，邮轮岸上观光将呈现多种模式并存的局面。

四、邮轮导游员的基本职责

邮轮岸上观光部门其实就是邮轮上的一个"旅行社"，是一个销售部门。邮轮导游员和陆地导游员的工作职责完全不同，邮轮导游员的工作主要以咨询类为主，推荐并介绍邮轮靠港后的景点，给游客提供相关解答和景点信息。具体内容如下：

（1）为需要帮助的游客提供各种行程服务、回答疑问和提供建议；

（2）介绍岸上观光旅游的行程和船上的活动；

（3）宣传岸上观光行程，进行岸上观光车队、人员安排；

（4）负责与岸上的地接导游员协调，包车、帮游客规划特色路线；

（5）广泛收集邮轮目的地信息，努力开发旅游资源。

五、邮轮旅游的注意事项

（1）禁止在码头及邮轮舱内吸烟。

（2）凡患有心脏病、高血压、糖尿病、哮喘病、传染病及孕妇和严重晕船者严禁乘坐邮轮。

（3）须在工作人员的引导下排队登上邮轮，在浮动码头上应注意安全，上下引桥台阶时要小心，以免失足落海。

（4）六十周岁以上老年人和十周岁以下儿童应由成年人陪同乘坐邮轮，并负责对老人及儿童的监护。

（5）请自行保管好自身携带的手机、相机、摄影机等贵重物品，以免丢失或掉入水中。

（6）在航行过程中，应服从船长或工作人员指挥，如有不适，应及时向船长报告。

（7）为了保护海洋环境及保持邮轮的卫生，严禁将垃圾丢弃在海水里及邮轮舱内。

（8）严禁将狗、猫等宠物带上邮轮。

（9）对不遵守邮轮安全要求或未听从船长在航行过程中的指令而造成不良后果的，应自行承担责任，造成了邮轮财产损失的要按价赔偿。

（10）因游客的行为影响或危及到邮轮正常航行，劝阻无效的情况下，船长有权宣布回航，乘船人所付费用不予退还。

（11）在海上，有的人容易晕船，预防的方法通常有几点：出海前充足的休息与出海时良好的心态；提前 30 分钟贴晕船贴或吃晕船药；在邮轮上尽量不要待在邮轮舱或封闭的空间里，最好待在视野宽阔、通风顺畅的地方；看着远处的山或小岛，涂抹风油精等。

（12）随身物品。尽量减少携带出海的随身物品，上邮轮后将自己的随身物品放置在邮轮上的合适位置，如有条件可配备专用的防水储物袋放置随身物品，手机等电子产品要时刻注意，避免由于船体的颠簸和倾斜而掉落。

任务拓展

假如你是一名邮轮导游员，有一位游客来前台咨询，你能解答他的问题吗？

（1）观光时错过了邮轮怎么办？（2）岸上观光可以不参加吗？（3）岸上观光可以自由行吗？（4）岸上观光时间有多久？

任务三　焦点访谈——摄影旅游发现美

摄影旅游

摄影与旅游相得益彰，互惠互利。作为一种新的旅游形式，摄影旅游已悄然出现在人们的生活中。传统的以观光、游览为主的旅游产品已不能满足日益变化的市场需求，摄影旅游作为一种特种旅游产品，正受到越来越多游客的青睐。

摄影旅游以具备一定摄影技能的团员为招徕对象，通过专题线路和景点的组合，让团员在沿途随机和定点拍摄，获取高质量的影像，为旅游做精彩的记录。同时，旅行社随行导游员应具备较高的旅游摄影素养，能为团员摄影做现场的指导和示范，有效提升团员的摄影水平。通过参与摄影团，游客既能获得摄影水平的提升，又能饱览普通观光团较少涉及的美景，可谓一举两得，游摄结合。

任务描述

在邮轮旅游团的实践中，小马发现很多团员同时也是摄影爱好者，手里的摄影装备也非常专业。小马记得在专题旅游部的线路产品资料中同样也有摄影旅游的产品。为了更好地配合专题旅游部开展业务推广，小马开始仔细收集摄影旅游团运作的相关资料。她详细拟订了操作过程中的工作要点：

（1）注意收集国内典型摄影旅游线路的资料；

（2）熟悉本地摄影旅游的常规产品；

（3）提升自己的摄影水平；

（4）熟悉本地摄影旅游的典型景点和场景选择。

任务分析

摄影旅游团的线路、景点选择和常规旅游团有所不同，即使是游览同一景区，他们的选点和进入时间都有明显区别。接待摄影团的导游员必须具备扎实的摄影基础知识和技能，能在现场对游客的摄影进行精细指导，提升游客的摄影水平。

任务实施

一、摄影旅游的现状

旅游业是一个发现美、开发美、包装美、营销美的产业，而摄影就是发现美、营销美的直接推手。如广西龙胜、云南元阳梯田，20世纪90年代根本无人知晓；四川的九寨沟，20世纪80年代还无人问津；湖南的张家界，20世纪70年代也不出名；还有河北坝上风光、四川的新都桥、四姑娘山等，这些地方都是借助摄影人拍摄的精美图片，使其成为中国乃至全世界旅游观光的知名景点。这些地方旅游业的快速发展无一不充分证明摄影在旅游业发展过程中的巨大作用。

（一）摄影旅游的创新作用

摄影人是旅游景点的掘宝人，为旅游景点打开了财富之门。摄影的创新视角决定了摄影在促进旅游业发展中所发挥的作用。

一是通过摄影镜头可以更好地发现山川之美。山川处处有美景，关键在于去发现。一个地方、一个景点的美是由多角度、多景点、多看点构成的。摄影人为了创作，通过其独特的视角去寻找美、发现美。在不同的时间、不同的季节反复去聚焦一幅幅精美的图画，去捕捉一个个出色的瞬间，使景点不断有新发现，让游客不断有新感觉和新吸引力。比如四川九寨沟的水，在不同角度取景会呈现不同的色泽。三峡的神女峰、乐山的睡佛等都是从不同角度进行欣赏得到的审美感受。

二是通过摄影镜头可以更好地挖掘当地的历史文化资源，展示当地的民俗风情。全国各地独具特色的建筑、生产生活的环境、生产生活的场景、各种文化活动的演绎，都是旅游的重要资源，这些资源在不同时间、不同光影条件

婺源

下所拍摄出来的照片对人们所产生的视觉冲击力是大不相同的，有时甚至有天壤之别。这些通过千百年历史沉淀下来的看似平常的生活环境，一旦被摄影家们赋予了文化内涵，它就是开发旅游产业的宝藏，如安徽的西递、宏村，湖北恩施的土家山寨，江西婺源等。

三是通过摄影镜头可以更直观真实地记录、宣传当代社会改革发展的历史变迁及发生在我们身边的真善美。自然风光、历史文化是旅游资源，当代社会发展成就、新时代的建设者更是当代新文化的载体。同样是旅游资源，湖北的三峡大坝、上海的现代化大都市、四川的生态农庄、当地热情好客的社区居民都是旅游的重要吸引物之一。通过摄影镜头可以更有效地发现和展示当代城乡的真实生活状态，使之成为吸引外地游客来欣赏、体验的旅游资源和城市形象宣传的名片。

（二）摄影旅游的营销作用

旅游带动着摄影，摄影也推动着旅游，二者相辅相成。假如旅游是人们对大自然和社会历史价值的追求的话，那么摄影就是这种追寻的记录和整理。

摄影作品在"眼球经济"时代能很快地抓住消费者的眼球。影像力量在"眼球经济"的年代，更加凸显其直观、形象、传播力强的特质。而历史风景名胜借助摄影而显得更加璀璨，地方特产也因摄影而声名远扬，摄影的简便与直观使之成为旅游宣传最好的艺术形式。例如河南云台山、浙江丽水、湖南张家界和凤凰古城、云南丽江古城和元阳梯田、山西平遥古城、江苏周庄等，都成功地以摄影文化影响社会，带来了当地旅游发展的繁荣。

摄影作品在"读图时代"比文字更受大众欢迎。现代科技的发展必然会改变人们的生活，读图时代的来临是不可阻挡的趋势。现代互联网的兴起，使得以多媒体技术为承载的图像语言不可避免地渗透到世界的各个角落。巨大的竞争压力、快节奏的生活方式迫使人们优先选择阅读图片信息，一张高质量的摄影作品在几秒钟内就能给人以大量信息和产生深刻印象。

摄影可以帮助人们提升审美水平，从而对"灵山秀水"产生更深刻的理解和印象，更进一步提高对旅游品牌的忠诚度。一幅优秀的摄影作品，一定是一个旅游景点成功的"名片"，既能让摄影家惊讶，又能给普通公众以视觉的震撼和心旷神怡的心灵感受，它所具有的视觉冲击力远胜于千言万语的描述。同时几乎所有游客都在成为摄影者，通过引导，可以帮助他们提高对旅游景点的认知程度及其旅游体验的成就感。一个游客在游览中拍摄到一组优美的照片，既使游客终生难忘，又会极大地提升旅游目的地的知名度和美誉度。

二、摄影旅游导游服务

摄影旅游导游服务和常规观光团导游服务有所不同，除了对景点的深入了解外，摄影团导游更需有较扎实的摄影知识基础和技能，能引导游客发现景区和沿途中不一样的美，拍摄出极具个性的旅途照片。摄影旅游团的服务要点主要体现在以下七个方面。

（1）善于发现美。摄影旅游团的导游员应具备一双慧眼，善于发现沿途和景点独特的美。同时要在第一时间将这种独特的美传递给团员，让团员用镜头迅速记录。摄影团导游员对景点取景的最佳拍摄时间、拍摄地点、拍摄角度都要了然于胸。

（2）善于构造美。摄影旅游团的导游员应具备一颗匠心，对拍摄的用光、构图、技巧、成像效果应胸有成竹。并且善于指导团员在拍摄中逐步提升技巧。

（3）善于解析美。摄影旅游团的导游员应具备极强的解析美的能力。沿途所见、景点之韵，美在何处，同样需要用深入浅出、画龙点睛的讲解让团员茅塞顿开。

不同的视角——乐山睡佛

（4）善于调动团员。能发挥团员的积极性，教会团员主动参与探索研究，提升团员学习摄影知识和技巧的主动性。

（5）善于总结提升。摄影旅游团的导游员应学会勤动笔，将行程中新的发现记录下来，为下一次给团员以惊喜做好准备。

（6）善于保护环境。旅途摄影多在户外，导游员要引导团员爱护环境，保护自然。

（7）善于学习。摄影旅游的知识和技能体量庞大，需要导游员不断地完善和提升，如昆虫拍摄、夜间拍摄、鸟类拍摄专题知识的学习等。

模拟讲解

花卉拍摄的技巧

各位朋友，无论在什么时候，还是在什么时刻，当我们看到了魅力四射的花卉时，总是忍不住想将它存放在存储卡里，存放在脑海里，但是我们常常会出现拍摄出来的花卉作品不尽如人意的情况，下面我们来一起分享拍摄花卉时需要掌握的一些角度技巧，让各位也能够拍摄出美丽的花卉作品。

花卉摄影的构图比大场景风光摄影的构图相对容易。因为拍摄对象花卉的位置固定，背景中可供组织的构图元素种类也比较少。在这种情况下，最简单的构图方式就是单一

花之韵

放大地表现某朵花的形态，将拍摄主体充满画面，这种强调集中感觉的中心构图可以表现强劲的生命力。

花朵具有立体的三维形态，而摄影只能以二维的方式来表现，因此花卉摄影的拍摄角度需要根据花卉的形态进行调整，要选取最能表现花卉特征和美感的视角。面对花瓣完全张开的几乎呈平面状的花朵，可从花朵的正面拍摄，表现花瓣和花瓣的组合造型。面对花瓣向上生长的花朵（如郁金香），可从花朵的侧面拍摄，刻画花朵的整体造型。面对花瓣向侧面和上方同时绽开的花朵，可以从斜上方拍摄，刻画花卉的立体感。

第一，我们在拍摄花卉时色彩要力求和谐。花卉以色彩和造型取胜，花卉摄影应注意色彩的处理。一幅花卉图片，要有和谐的色调，不能杂乱无章。每种花卉都有自己的色彩特点，根据不同的主题、不同的光线条件和不同的背景确定自己要采用的色调。大红大绿，虽然刺眼，但处理得好，也艳丽悦目；轻描淡写，虽然平淡，可运用得当，也素淡高雅，令人赏心悦目。一幅花卉摄影，需要有一个主色调，不论以冷调为主或以暖调为主，只要运用得当，都能"淡妆浓抹总相宜"。

第二，拍摄时更多以低视角拍摄。相信许多喜爱拍花草的朋友都用过这种拍摄手法，让自己的视线与花草平行拍摄，会让花草看起来更大，更能凸显主题。照片中的小黄花，事实上非常小，但利用低视角的拍摄方式，即使镜头没有微距模式，也能让花朵有显大的效果。在花朵比较高的场合，更可以直接趴在地上往上拍摄，感觉很像到了巨人国，所有花朵都变得高大，再加上阳光从上面射下来，花瓣会感觉更透彻。

第三，利用颜色凸显主体。如果在赏花观光景点或公园等地方拍花，这种时候除了拍单一色彩的花朵外，还能试试看利用不同色的物体背景，把主角放在异色花朵上进行拍摄，虚化背景，也可以突出你想要拍摄的主体。

第四，利用微距拍摄。在这个时候，花瓣、雄蕊和花粉囊……都是美妙的素材，为我们提供了源源不断的材料和灵感来源。我们在拍摄花卉的时候一定要注意先明确主题，可以看看突出鲜明主题的摄影技巧，拍摄花卉，要确定鲜明的主题，如花瓣含露的灵动、蜂蝶戏花的情趣、花朵自身的艳丽等，并通过用光、构图、色调对比、景深控制等技术手段把最突出主题的、最引人入胜的地方凸显出来，把最精彩的部分拍清晰。

第五，用光力求完美。对于花卉摄影来说，用光是至关重要的。细致地把握光线的角度，顺光和侧光的效果大不一样，要细心观察，认真运用。雨后的清晨是拍摄花卉的最佳时段，花卉洁净娇艳，空气清新，透视度好。另外选择阴天时拍摄花朵也比较合适，云把太阳遮住后，阴影比较柔和，花朵鲜明的颜色不会被刺目的直射阳光给冲淡。

最后一点，请各位一定牢记，那就是构图一定要简洁。构图的基本要求是突出和美化主题。最常见的办法如九宫格法则，即把整个画面按井字分割，将兴趣点放到一个交叉点上。在拍摄花卉的构图中，需要把没有用的或者干扰主题的景物去掉，以简洁画面，突出主题。

好了，说了这么多，该咱们练练手了。前面草地上有一大片格桑花的海洋，别错过，期待大家的佳作！

讲解要诀

旅游活动是一项寻觅美、欣赏美、享受美的综合性审美活动，该篇导游员在带摄影团时，不仅讲述了拍摄的技巧方法，更引导游客学会观赏美景，领悟内在美，激发游客的想象力，让摄影团游客能获得更多的体验和乐趣。

任务拓展

1. 组织全班到本地景区或公园内开展一次"手机摄影比赛"，每人选出一张优秀照片，全部照片制作成 PPT 在班级分享，并请每位同学讲解拍摄心得。
2. 制作班级"镜头中的旅途"专题墙报，每位同学提交一张旅游中的照片，并简单介绍照片和旅途背景知识。

任务四　和谐包容——生态旅游重环保

"生态旅游"这一术语，最早由世界自然保护联盟（IUCN）于 1983 年提出，1993 年国际生态旅游协会把其定义为具有保护自然环境和维护当地人民生活双重责任的旅游活动。生态旅游的内涵更强调的是对自然景观的保护，是可

生态旅游与骑行

持续发展的旅游。

"生态旅游"不仅指在旅游过程中欣赏美丽的景色，更强调的是一种行为和思维方式，即保护性的旅游。不破坏生态、认识生态、保护生态、达到永久的和谐，是一种层次性的渐进行为。生态旅游以旅游促进生态保护，以生态保护促进旅游，准确地说就是有目的地前往自然地区，了解环境的文化和自然历史，它不会破坏自然，还会使当地从保护自然资源中得到经济收益。

生态旅游是绿色旅游，以保护自然环境和生物的多样性、维持资源利用的可持续发展为目标。它强调以一颗平常心尊崇自然的异质性，把自然作为有个性的独立生命来看待。参加生态旅游的人们在欣赏自然美色的同时，要注意不以个人一己意志强加于自然和其他生命，如见到野兽不要去打扰，更不可去捕捉，学会静观默察、敬天惜物，认真听取周围的天籁之声，并通过摄影、写生、观鸟、自然探究等活动，充分感悟和审视自然。

任务描述

在天马旅行社专题旅游部的常规线路产品中，生态旅游一直有较高的市场呼声，但线路产品的设计却和常规旅游线路有重合。如何凸显生态旅游产品的优势？如何确定生态旅游产品的受众？这是业务推广中的一个关键问题。为了更好地开展业务推广，小马开始仔细收集生态旅游团运作的相关资料。

（1）注意收集国际、国内典型生态旅游线路的资料；

（2）熟悉本地生态旅游现有和待开发的产品；

（3）提升自己的生态知识水平；

（4）熟悉本地生态旅游的典型景点；

（5）前往科研机构调研生态旅游产品的设计和开发。

任务分析

在生态旅游开发中，旅行社、景区应避免大兴土木等有损自然景观的做法，旅游交通以步行为主，旅游接待设施小巧，掩映在树丛中，住宿多为帐篷露营，尽一切可能将旅游对环境的影响降至最低。在生态旅游管理中，提出了"留下的只有脚印，带走的只有照片"等保护环境的响亮口号，并在生态旅游目的地设置一些解释大自然奥秘和保护与人类休戚相关的环保标示牌及喜闻乐见的旅游体验活动，让游客在愉悦中增强环保意识，使生态旅游成为提高人们环保意识的天然大课堂。

任务实施

一、我国生态旅游的现状

我国地域辽阔，地貌、气候的多样性造就了生物的多样性；同时中华民族历史悠久，文化遗产丰富，这些构成了我国得天独厚的生态旅游资源。

（一）我国生态旅游的类型

1. 森林休憩生态游

森林休憩生态游是人们在天然或人工的森林生态环境里所从事的以休憩活动为主兼有其他活动的旅游活动。风景秀丽、气候宜人的森林生态旅游价值主要体现在：

（1）森林中富含的负氧离子能使人消除疲劳，提高人体免疫能力；

（2）一些植物分泌的芬芳和气味能够杀菌和治疗人体某些疾病；

（3）森林美景能够给予人美的享受，陶冶情操；

（4）森林中千姿百态的景物能够激活人的想象力和创造力；

（5）森林中所蕴含的大自然的奥秘能够激发人更深层次地认识生命的价值，热爱大自然，自然地树立环保意识，是回归大自然的理想场所。

我国具有代表性的森林休憩生态旅游地有吉林长白山国家森林公园、云南西双版纳热带雨林、陕西太白山国家森林公园、湖南张家界国家森林公园、浙江千岛湖国家森林公园、广西十万大山国家森林公园等。

2. 草原风情生态游

草原指在半干旱条件下，以旱生或半旱生的多年生草本植物为主的生态系统。我国草原的主要类型为温带草原，集中分布在东北地区西部、内蒙古、黄土高原北部以及海拔较高地区的高山草甸。各类草地总面积约 4 亿公顷。草地植被主要有四大类型，共 56 种生态系统。由此可以看出，不管从量上还是从种类上我国都具有丰富的草原生态旅游资源。

宁夏沙坡头之旅

我国有代表性的草原生态旅游地有内蒙古呼伦贝尔草原、锡林郭勒草原、河北北部坝上草原、新疆阿尔金山高山草甸、天山高山草甸等。

3. 湿地观鸟生态游

湿地是一种多功能、独特的生态系统，根据《国际湿地公约》定义："湿

任务四　和谐包容——生态旅游重环保

地指不论其为天然或人工，长久或暂时之沼泽地、湿原、泥炭地或水域地带，带有或静止或流动，或为淡水、半咸水或咸水水体者，包括低潮湿水深不超过 6 米的海域。"在我国，湿地鸟类占全国鸟类总数的 26%，丰富多样，观鸟活动便成为众多湿地的最热门的专项旅游活动。但是，必须强调的是，湿地核心区应受到绝对的保护，严禁进入，观鸟等旅游活动只能在湿地的边缘保护带有限制地开展。

我国有代表性的湿地观鸟生态旅游地有青海湖高原湿地生态系统和珍稀鸟类自然保护区、黑龙江扎龙丹顶鹤等珍禽及湿地生态系统自然保护区、江西鄱阳湖和湿地生态系统自然保护区、江苏盐城珍禽自然保护区等。

4. 沙漠探险生态游

沙漠指在干旱、极端干旱的地区降水量不足 200 毫米，蒸发量超过 200 毫米的条件下，地表裸露，植物生长极为贫乏之地。沙漠也是地表生态系统类型中的一种。

一般人认为"生态"便意味着生机盎然、郁郁葱葱。作为不毛之地的沙漠不可能成为生态旅游之地。但是，沙漠生态系统凭借其苍凉荒芜的原始自然景色、神奇的沙漠海市蜃楼、壮观的风蚀地貌及沙漠探险中所蕴含的冒险精神强烈地吸引着众多的探险旅游者。

沙漠中可以开展的生态旅游活动有沙漠探险、科考、游览、观光、滑沙等。在我国的北纬 30°～50°、东经 75°～125° 的北方内陆盆地和高原，形成了一条西起塔里木盆地西端，东迄松嫩平原西部，长约 4 500 千米、宽约 600 千米的断续沙漠弧形带，广泛分布于新疆、内蒙古、甘肃、宁夏等省、自治区。其中，在许多资源和市场条件都具备的地方已开发有沙漠生态旅游项目，如宁夏中卫的沙坡头地区、内蒙古鄂尔多斯的库布齐沙漠等地已开发了极具市场潜力的沙漠生态旅游项目。但是值得注意的是，沙漠的自然生态环境本身已十分脆弱，一旦破坏，再难恢复。因此沙漠地区开发旅游项目应坚持保护为主，开发为辅，以利用促保护的方针，防止沙漠化的扩大。

5. 农业体验生态游

农业体验生态旅游主要包括乡村生态旅游和观光农业旅游，前者指以古朴、原始、自然的乡野自然风光及与其和谐相伴相生的独特的农业文化景观、农业生态环境、农业生产活动以及传统的民族习俗为资源所开展的旅游活动；后者指以农业资源为基础，以生态旅游为主题，利用城乡差异来规划、设计、组合农业资源以引起旅游者特别是城市居民的消费欲望，满足旅游者吃、住、行、游、购、娱的需求并体验新型农业技术与生态农业等具有大自然情趣的一种旅游形式。

我国典型的乡村生态旅游景区、景观有云南罗平的油菜花节、云南元阳哈尼族人所建的哈尼梯田等。观光农业景区有江西井冈山观光农业旅游区、北京郊区观光农业带、上海浦东虹桥观光农业区、四川成都三圣乡农业旅游区等。

6. 海洋度假生态游

未受污染的沙滩和海水，充足的日照阳光，温暖湿润的海洋气候是吸引人们到海滨或海岛旅游的重要条件。在国外"3S"（Sun 阳光、Sand 沙滩、Sea 海水）旅游一直是最具魅力的旅游形式。海洋度假生态旅游的特色主要表现在：一是空气和阳光，海滨或海岛空气清新、阳光充足是理想的休闲、度假、疗养的胜地；二是海洋资源，一望无际、波澜壮阔的海水本身就是美丽壮观的景色，五彩斑斓的、神秘的海底世界更是吸引人去探寻；三是海蚀地貌，海蚀柱、海蚀穴、海蚀平台等海蚀地貌形态各异，气势壮观，构成海滨独特的自然景观。

中国已开发的海洋度假生态旅游地主要有海南三亚的珊瑚礁，连云港连岛海滨旅游度假区，北戴河旅游度假区，青岛海滨旅游区，福建福鼎、广西北海和海南文昌的红树林生态旅游区等。

（二）我国生态旅游发展存在的主要问题

我国生态旅游虽比世界上某些旅游业发达国家起步晚，但发展势头却非常迅猛。因此，引发了许多的问题，主要表现在以下三个方面。

1. 不合理的规划建设

纵观全国许多新开发的生态旅游地，存在问题还较多。其中没有规划、规划和建设不合理的问题尤其突出，成为生态旅游资源受到破坏的首要因素。另外，不少开发商、管理者将景区的"精品化"建设误解为多盖建筑物，结果造成了很多景区"城市化"。

2. 超过承载力的接待

落后的地区希望通过旅游收入促进经济发展的心情强烈，但在缺乏经营和管理人才，对旅游资源认识不足的情况下，却采取掠夺式的开发，短期效益明显，但景区管理显得十分粗放。这种片面追求外延扩大的发展模式，损害了旅游资源的不可再生性，降低了旅游质量，造成景观衰退，使真正的生态旅游难以开展。与此同时，许多旅游地为短期经济利益所驱动，在接待游客时来者不拒，使得旅游

拥挤的海滩

旺季的游客人数远远超出旅游容量，尤其是在国庆、春节长假期间。旺季游客量大大超过旅游地承载力，给景区造成了很大的环境压力。很多地方本来规划就不合理，又超饱和接待游客，环境破坏不可避免，结果生态旅游成了"破坏生态"的旅游。

3. "生态旅游"标签的滥用

"生态旅游"这一名称迎合了游客向往自然的心理，市场吸引力大，蕴藏着很大的商机。一些旅行社在没有搞清楚什么是生态旅游、生态旅游产品对旅游经营者究竟有哪些要求

的情况下，匆忙地推出许多生态旅游线路。这些旅行社推出的生态旅游产品，其主要特征就是以自然区域为旅游目的地，如森林、乡村田野、海滨沙滩等。在整个旅游行程中，许多导游员并不知道生态旅游导游与传统导游的区别，自己应该具备什么样的专业知识，没有发挥也无法发挥导游员在生态旅游活动中应有的教育和管理作用。这就使得目前进行的"生态旅游"实际上与传统的大众化旅游活动没有什么区别。另外，"生态旅游"一词不断被乱用，成为一个时髦的"绿色标签"，成了招徕游客的幌子，无形之中误导了消费者。

二、生态旅游导游服务

拥有与维护

由于生态系统的对象主要是相对完整的自然生态系统，所以自然生态系统的可持续发展必然成为生态旅游可持续发展的重要内容。

生态旅游系统主要由生物和非生物的环境两大部分组成。系统内的生物群落即生命系统，包括生产者、消费者、分解者；非生物环境即非生命的系统，包括阳光、空气、水、土壤和无机物等，它们共同构建了一个丰富多彩的相对稳定的结构系统，成为组成生态旅游的主要吸引物。因此，无论是经营开发者、管理决策者，还是旅游者，对保护自然生态都有不可推卸的责任，都必须在生态旅游实践中认识自然、保护自然。这种保护也包括对人类与自然和谐相处系统的维护，即对当地文化的尊重。对旅游对象尊重与保护的责任是生态旅游可持续发展的重要内涵。

生态旅游导游员除了对景点的常规讲解内容有深入了解外，还需有较扎实的生态保护知识基础和生态知识普及能力，善于引导游客发现景区的生态文化内涵，通过身体力行的实践保护旅游地的生态环境和原生态文化。生态旅游是一种重在教育与奉献的特殊旅游，这样的特殊旅游需要特殊的导游服务。

生态旅游团的服务要点主要体现在以下三个方面。

（一）生态旅游对导游员的素质要求

生态旅游的导游员不仅需要丰富的知识、满腔的热情和炽烈的爱心，还需要对旅游活动进行精心策划组织，以及具有较强的应变能力。因此，从事生态旅游的导游员必须具备特殊的素质。

（1）对人类环境和地球生态的强烈责任感。这种责任感来自对环境的关心，更来自对地球生态遭受破坏的充分认识。

（2）具有丰富的生态知识。要做好生态旅游的导游员须具备自然生态和人文生态等多方面知识，在导游过程中方可信手拈来，脱口而出。

（3）有一定的导游实践经验。生态旅游活动比一般的大众旅游活动更具难度，要求导游员具备相当的带团经验，以便突发事件的处理。

（二）生态旅游对导游词的特殊要求

生态旅游是科学性、教育性和奉献性较强的特殊旅游活动，导游员在引导、解说生态旅游景区、景点时所强调的内容，使用的语言和方式都有其自身的特点：

（1）严密的科学性；

（2）强烈的环保意识和教育功能；

（3）环境体验引导性；

（4）反复提示安全的意识。

（三）做好生态旅游对游客的要求工作

游客是旅游活动的主体，其活动将影响整个游览过程的所到之处。在进行生态旅游活动时，导游员要做好游客的工作。

（1）在到达旅游景区前，要了解当地的自然和人文特点。

（2）要求游客要尊重旅游目的地文化和风俗习惯。

（3）对旅游区动物不要太接近，不追逐、不投食，不做不利其生存的事。

（4）游客自觉做到不践踏植物，不采集受保护和濒危动植物样本。

（5）不购买、不携带被保护的生物及制品。

（6）不乱丢、乱扔垃圾，有良好的卫生习惯，同时具备垃圾分类的基础知识。

和谐相处

（7）游客积极参与到保护自然生态的活动中去，促进生态环保行为的普及。

我们做好真正意义上的生态旅游，应是对地球环境的给予和补偿。远离都市喧嚣，避开废气、噪声，抖落满身尘埃，一头扎进森林，纵情跑马草原……到一些接近于原生态的地方感受并享用那些最本色的环境和物质，并在感受和享用的同时实现自我修复、自我教育和自我完善，在这个过程中也修复人与自然的和谐，教育人们爱护人类的家园，忏悔我们曾经对自然生态的过分掠取。这应是生态旅游的真谛所在。

任务四　和谐包容——生态旅游重环保

1. 举行一次"环保作品"展示会，要求同学制作与生态、环保、原生态民俗维护相关的作品，在班级进行一次现场展示。如环保服装、环保器皿、废物利用、节能行动策划等。

2. 组织全班到本地生态旅游类景区开展一次"生态伴我行"实操训练，制作成 PPT 进行全班分享，评选出 10 名优秀的"生态小导游"。

任务五　至真至诚——乡村旅游归质朴

清新宁静的田园、淳朴的农家气息、悠闲安逸的生活方式，令人获得心灵的自由，产生归隐田园的冲动。这就是人们常说的"诗意地栖居"的理想意境。随着旅游业的发展，乡村旅游发展十分迅猛，凭借着得天独厚的自然旅游资源，迎合了都市人"回归自然"的心理需求，圆了都市人的绿色梦，逐渐成为旅游业中最具有发展潜力的生力军。乡村旅游已超越农家乐形式，向观光、休闲、度假复合型旅游转变。

春暖花开的时节，小马有了新的带团任务，她带领成都市某旅游团 20 人赴甘溪镇明月村开展"美丽乡村，诗画甘溪"旅游活动。此次活动旨在让游客们感受乡村美景，体验古镇魅力。小马带领游客们一路跋涉，来到明月村，走进乡村风情茶馆了解当地老百姓的生活方式，在老乡的民宿里参与炒黄豆、磨豆腐、做斗笠等农事体验活动，还跟着当地村民去染布、采茶，游客们兴奋地动手尝试，在劳动中体验快乐，分享喜悦。这次带团非常成功，小马整理了一下带团小结：

（1）做好乡村旅游接待的前期准备；

（2）了解旅游中的各种农事活动，以便给游客们做介绍；

（3）特别关注游客的安全，负责为他们答疑；

（4）引导游客们文明旅游、绿色消费，保护乡村生态环境；

（5）引导游客们入乡随俗，与当地人良性沟通。

任务分析

"绿水青山就是金山银山"，经过数年的乡村旅游发展，中国的乡村旅游朝着融观赏、考察、学习、参与、娱乐、购物和度假于一体的综合型方向发展。从最初的"农家乐"和乡村田园观光到现在的乡村观光、休闲、度假的复合性功能结构，乡村旅游逐渐往"乡村旅游+"的方向发展。

任务实施

一、乡村旅游的基础知识

（一）乡村旅游的概念

我国乡村旅游兴起于 20 世纪 80 年代，经过近 40 年的发展，国内对乡村旅游的研究已经有了一定的基础。总体来说，乡村旅游的概念包含了两个方面：一是，乡村旅游以乡村为旅游活动的发生地；二是，以乡村所有物以及农村活动为旅游吸引物，二者缺一不可。乡村旅游指在乡村地区开展的以自然生态环境、现代农业文明、浓郁民族风情、淳朴乡土文化为载体，以农村的环境资源、农民生活劳动为特色，集餐饮、住宿、游览、参与、娱乐、购物于一体的综合旅游活动。

（二）乡村旅游的特点

乡村旅游作为旅游业的分支，既具有一般旅游活动的特点，如综合性、文化性、市场性，同时又有自己独特的特征。

1. 自然性

乡村旅游具有独特的自然生态风光，人口相对稀少，受工业化影响程度较小，保存着生态环境的相对原始状态。并且，乡村区域的生活方式和文化模式也相对保留着自然原始状态。山光水色、耕作习俗、民俗风情无不体现着人与自然的和谐统一。

2. 生产性

乡村旅游可以满足不同层次的旅游需求，又可以改变农村的生活方式，除了可以增加农产品的商品量和农业的附加值，提高农村的经济效益之外，还可以带动农产品加工、手工艺品加工等加工工业的发展，促进农村多元化产业结构的形成，为农村经济的发展注入新的活力。

3. 文化性

乡村旅游之所以对游客能产生巨大的吸引力，是因为乡村具有特殊的、有利于城市的环境文化精神等层面的元素。乡村旅游最具有吸引力的是农耕文化和民俗文化，农耕文化不仅包括各地不一的农业形态，还有与之匹配的对自然环境的一种神秘的崇拜，以及各种宗教传统仪式。

4. 体验性

乡村旅游是现代旅游业向农业和农村延伸的成功尝试。乡村旅游将旅游业项目由陈列观赏式提升到参与提升式的层面，即使游客充分欣赏到优美的田园风光，为其提供了众多休闲、参与体验的机会。

（三）乡村旅游的类型

1. 观光型乡村旅游

观光型乡村旅游以良田、特色蔬菜、花卉苗木、乡村农舍、溪流河岸、园艺场地、绿化地带、产业化农业园区、特种养殖业基地等自然、人文景观为主要内容，主要满足游客回归自然，感受大自然的原始美、天然美，在山清水秀的自然风光和多姿多彩的民族风情中放松自己，从而使他们获得一种心灵上的愉悦享受。

2. 休闲型乡村旅游

休闲型乡村旅游以乡村风景为背景，以宁静、松散的乡村氛围为依托，提供棋牌、歌舞、观光采风等休闲娱乐活动服务。也有人将乡村居民的生产生活场景、器皿工具、房屋建筑、屋内陈设、饮食、服饰、礼仪、节庆活动、婚恋习俗以及民族歌舞和语言等方面的传统特色纳入休闲型乡村旅游中。

3. 度假型乡村旅游

度假型乡村旅游利用乡村蓝色的天空、清新的空气，让游客乘着习习凉风、呼吸着清新的空气，听着泉水韵律、望着流星明月，感受"天人合一"的审美境界。乡间散步、爬山、滑雪、骑马、划船、漂流等乡村度假健身、娱乐活动也属于这一类型。

4. 体验型乡村旅游

体验型乡村旅游主要与当地的民俗文化、农业生产和农副产品相结合，通过参与民俗活动、种花栽树、修剪花草、除草施肥、挖地种菜、采摘瓜果蔬菜、捕鱼捞虾、放养动物、水磨磨米面、水车灌溉、石臼舂米、学做乡村风味小吃、木机织布、手工刺绣、简单农具制作、陶制品制作等体验乡村生活的质朴淡雅，体验耕种收获的喜悦，是一种"房归你住，田归你种，牛归你放，鱼归你养，帮你山野安个家"的整体体验方式。还包括花卉食品、花粉食品、野生植物食品、水果食品、特色风味小吃、禽畜水产佳肴等乡村丰富的土特产品尝。

5. 购物型乡村旅游

购物型乡村旅游是以洁净新鲜的特色蔬菜瓜果、稀有的禽畜和名贵水产、美丽花卉、别致的盆景、风味独特的土特产、工艺精湛的手工艺品、古朴雅致的农民书画、设计独特的旅游纪念品为资源而开展的旅游活动。

二、乡村旅游导游服务与一般导游服务的区别

乡村旅游导游员一方面要向游客提供旅游服务，满足游客吃、住、行、游、购、娱等方面的需要，另一方面还要向游客介绍乡村的自然风貌、乡土民俗、乡野产品、乡土文化等知识。

乡村旅游导游员首先要能融入乡村旅游的生活当中，体会到乡村旅游的乐趣，才能够真正站在乡村角度，周身散发着乡土气息，向游客讲解乡村历史，传递乡村文化。

乡村旅游导游员要了解农业生产情况。例如掌握当地农村种植、养殖、加工农产品的生产情况，主要种植的农作物名称、规模、品质、品牌、价位等；主要养殖的畜禽种类、特色、效益等；主要加工生产哪些农产品，企业名称和加工能力、品牌规模等。

乡村旅游导游员要通过多种渠道了解、掌握当地农民的生活习性，研究他们形成这些习性的渊源，并编写成规范的解说词向游客进行讲解。

乡村旅游导游员要对当地的生活习俗及方言有所了解，才能站在游客和乡村旅游开发者的角度把游客的感受和开发者的理念通过讲解表达出来。

总之，乡村旅游导游员除了要具备导游员应掌握的基本知识和能力外，对乡村旅游资源和旅游项目要比一般景区导游员要求更高一些，同时由于农村旅游景点条件比较艰苦，乡村旅游导游员要比一般导游员身体素质要求要高一些，需要具备"三农"方面的素养。

三、乡村旅游导游讲解技巧

为提高乡村旅游服务质量，服务好游客，乡村旅游导游员应掌握一定的讲解技巧。

（一）熟悉乡村旅游景区

乡村旅游导游员应熟悉乡村旅游景区内线路走向、各景点分布状况、设施设备情况、服务与管理状况，熟悉门票的淡旺季门市价格、对各种特殊人群的价格，熟知购物店的分布、产品构成情况及产品特点等。只有这样，面对游客讲解时，才会胸有成竹，娓娓道来。

（二）热爱、尊重乡村旅游

热爱乡土、乡情，热爱善良勤劳的劳动者，这是乡村旅游导游员讲解的原动力。富有真情的讲解，才能引发游客的共鸣，才能让游客在住农家院、吃农家饭、泡温泉、摘蔬菜、尝野果、赏荷花、购特产、体验民俗风情的活动中尽享农家乐趣，才能让游客在休闲玩乐中接受环境教育，在游览中回归自然。

（三）讲解语言朴实，充满"乡味儿"

"乡味儿"指原汁、原味、原生态，没有被污染，没有被商业化的乡土气息。"乡味儿"来自对农村乡野风光、农民生活风情、农业产业特征的深入理解和全面挖掘。语言朴实、清新，有"乡味儿"，讲解贴近农民生活和农村环境，这是乡村旅游导游员区别于其他导游员的最大魅力所在。

（四）注重对游客体验的引导

乡村生活体验是乡村旅游的重要组成部分，游客往往要求在农村亲身参与农业劳动，亲手制作和品尝农家特色的食品，在田间、果园、鱼塘或牧场领略乡村生产和生活。因此，导游员需要熟练掌握乡村旅游资源中的体验性项目，给游客进行更好、更鲜明、更具特色的讲解，增强游客的体验效果。

（五）始终贯穿环保理念

乡村旅游发展过程中，一定要处理好农村生态环境、村落环境、文化景观等的保护问题。乡村旅游导游员本身就是环境保护的宣传员，在导游服务尤其是讲解服务的整个过程中要始终贯穿环保理念，同时激发游客的环保意识，一起环保，促进乡村旅游的可持续发展。

任务拓展

调研家乡或周边有哪些乡村旅游目的地？实地走访，从旅游体验性和文化性、村民的融入度、旅游规划合理性、产品设计创意性、市场营销效果等方面给予评价和建议。

主要参考文献

[1] 郭书兰 . 导游原理与实务 [M]. 大连：东北财经大学出版社，1999.

[2] 蒋文中 . 导游部操作实务 [M]. 北京：旅游教育出版社，2006.

[3] 李如嘉 . 模拟导游 [M]. 北京：高等教育出版社，2009.

[4] 全国导游资格考试统编教材编写组 . 导游业务 [M]. 北京：中国旅游出版社，2017.

[5] 傅远柏，章平 . 模拟导游 [M]. 北京：清华大学出版社，2010.

[6] 窦志萍 . 模拟导游 [M]. 北京：高等教育出版社，2010.

[7] 刘慧，郑澎 . 泰山 [M]. 上海：世界图书出版上海有限公司，2008.

[8] 曹培培 . 中国旅游地理 [M]. 北京：清华大学出版社，2016.

[9] 廖荣隆 . 廖荣隆导游四川 -1[M]. 成都：四川大学出版社，2002.

[10] 李先维 . 中国天气景观旅游资源的类型与成因分析 [J]. 云南地理环境研究，2005（9）.

[11] 潘健 . 峨眉山乐山大佛 [M]. 成都：成都地图出版社，2000.

[12] 李桂荣，郭恩栋，朱敏 . 中国古建筑抗震性能分析 [J]. 地震工程与工程振动，2004（6）.

[13] 赵世春，李力，王春华等 . 青城山宗教建筑结构震害分析 [Z]. 北京：中国建筑工业出版社，2008.

[14] 谢启芳，赵鸿铁，薛建阳，门进杰，王威 . 汶川地震中木结构建筑震害分析与思考 [J]. 西安建筑科技大学学报（自然科学版），2008（10）.

[15] 四川省建筑科学研究院 . 古建筑木结构维护与加固技术规范 [M]. 北京：中国建筑工业出版社，1993.

[16] 盛建武 . 四川博物院 [M]. 北京：文物出版社，2010.

[17] 国家文物局 . 博物馆馆藏资源著作权、商标权和品牌授权操作指引 [M]. 北京：文物出版社，2019.

[18] 赵抗卫 . 主题公园的创意和产业链 [M]. 上海：华东师范大学出版社，2010.

[19] 智研咨询集团 . 2018—2024 年中国主题公园产业竞争现状及未来发展趋势报告 [R]，2018.

［20］ 本书编写组编 . 旅游突发事件应急手册 [M]. 北京：中国旅游教育出版社，2009.

［21］ LB/T054—2016，研学旅行服务规范 [S].

［22］ 中国旅游研究院 . 2017 中国研学旅行发展报告 [R]. 北京：2017.

［23］ DB510700/T037—2012，老年人旅游服务质量规范 [S].

［24］ 2B/T052—2016，旅行社老年旅游服务规范 [S].

［25］ 王缇萦 . 商务旅游策划与管理 [M]. 上海：上海人民出版社，2007.

［26］ 彭顺生 . 商务旅游理论与实务 [M]. 广州：广东旅游出版社，2013.

［27］ 田纪鹏 . 商务旅游理论与实践 [M]. 北京：中国旅游出版社，2017.

［28］ 邹统钎，高舜礼 . 探险旅游发展与管理 [M]. 北京：旅游教育出版社，2010.

［29］ 程励，罗翾 . 山地探险旅游及探险者决策过程研究 [M]. 北京：科学出版社，2016.

［30］ 澳大利亚 Lonely Planet 公司编，李冠廷，刘维佳译 . 万能生存指南 [M]. 北京：中国地图出版社，2016.

［31］ GB/T26362—2010，国家生态旅游示范区建设与运营规范 [S].

［32］ 严力蛟 . 生态旅游学 [M]. 北京：中国环境科学出版社，2007.

［33］ 高峻 . 生态旅游学 [M]. 天津：南开大学出版社，2014.

［34］ LB/T055—2016，红色旅游经典景区服务规范 [S].

［35］ DB43/T 1266—2017，红色旅游景区讲解服务规范 [S].

郑重声明

高等教育出版社依法对本书享有专有出版权。任何未经许可的复制、销售行为均违反《中华人民共和国著作权法》，其行为人将承担相应的民事责任和行政责任；构成犯罪的，将被依法追究刑事责任。为了维护市场秩序，保护读者的合法权益，避免读者误用盗版书造成不良后果，我社将配合行政执法部门和司法机关对违法犯罪的单位和个人进行严厉打击。社会各界人士如发现上述侵权行为，希望及时举报，我社将奖励举报有功人员。

反盗版举报电话　　（010）58581999　58582371
反盗版举报邮箱　　dd@hep.com.cn
通信地址　北京市西城区德外大街4号　高等教育出版社法律事务部
邮政编码　100120

读者意见反馈

为收集对教材的意见建议，进一步完善教材编写并做好服务工作，读者可将对本教材的意见建议通过如下渠道反馈至我社。

咨询电话　400-810-0598
反馈邮箱　zz_dzyj@pub.hep.cn
通信地址　北京市朝阳区惠新东街4号富盛大厦1座
　　　　　高等教育出版社总编辑办公室
邮政编码　100029

防伪查询说明

用户购书后刮开封底防伪涂层，使用手机微信等软件扫描二维码，会跳转至防伪查询网页，获得所购图书详细信息。

防伪客服电话
（010）58582300

学习卡账号使用说明

一、注册/登录

访问http://abook.hep.com.cn/sve，点击"注册"，在注册页面输入用户名、密码及常用的邮箱进行注册。已注册的用户直接输入用户名和密码登录即可进入"我的课程"页面。

二、课程绑定

点击"我的课程"页面右上方"绑定课程"，在"明码"框中正确输入教材封底防伪标签上的20位数字，点击"确定"完成课程绑定。

三、访问课程

在"正在学习"列表中选择已绑定的课程，点击"进入课程"即可浏览或下载与本书配套的课程资源。刚绑定的课程请在"申请学习"列表中选择相应课程并点击"进入课程"。

如有账号问题，请发邮件至：4a_admin_zz@pub.hep.cn。